H. TH. HAMBLIN

W0070563

Psycho-Dynamik

Die Wissenschaft des Denkens

DREI EICHEN VERLAG
MÜNCHEN + ENGELBERG/SCHWEIZ

CIP-Kurztitelaufnahme der Deutschen Bibliothek

Hamblin, Henry Th.:
Psycho-Dynamik: d. Wiss. d. Denkens
H. Th. Hamblin. [Dt. Bearb. von K. O. Schmidt].
5. Aufl., 21.–24. Tsd. — München; Engelberg/Schweiz:
Drei-Eichen-Verlag, 1986.
(Heilwissen für jedermann)
Einheitssacht.: Science of thougth ‹dt.›
ISBN 3-7699-0414-1
NE: Schmidt, Karl O. [Bearb.]

Titel der englischen Originalausgabe:
Science of Thought
Deutsche Bearbeitung von K. O. Schmidt

ISBN 3-7699-0414-1
Verlagsnummer 414
Alle Rechte vorbehalten
© 1977 by Drei Eichen Verlag
Manuel Kissener, 8000 München 60 + 6390 Engelberg/Schweiz

Nachdruck, auch auszugsweise, die fotomechanische Wiedergabe, sowie die Bearbeitung als
Hörspiel, die Übertragung durch Rundfunk, Verfilmung und Übersetzung in andere Sprachen,
bedürfen der ausdrücklichen Genehmigung des Drei Eichen Verlages.

5. Auflage, 21.–24. Tsd., 1986.

Gesamtherstellung: Isar-Post, Landshut

INHALT

VORBEMERKUNG

Der große englische Lebensphilosoph Henry Thomas *Hamblin*, der sein an Segnungen und schöpferischen Werken reiches Leben am 28. Oktober 1958 beschloß, hat sich vor allem als Verfasser von *„In Dir ist die Kraft!"* einen Namen gemacht.

Die erste englische Ausgabe dieses Werkes erschien 1921 und liegt heute bereits im hundertsten Tausend vor. Die erste deutsche Ausgabe kam 1924 heraus und erlebte drei Auflagen mit zusammen 30000 Exemplaren. Die um andere Arbeiten Hamblins erweiterte *große deutsche Ausgabe* erschien 1937 und hat sich bis zur sechsten Auflage, die soeben herauskam, zu einem Standardwerk der Lebenskunst entwickelt.

Fast die gleiche Verbreitung erlangte das vorliegende Werk Hamblins über die Macht schöpferischen Denkens, dessen englische Ausgabe bereits das 75. Tausend erreichte. Die deutsche Ausgabe erlebte zuerst als „Wissenschaft der Gedankenkräfte" und dann unter dem jetzigen Titel *„Kraftdenken — eine Macht!"* ebenfalls mehrere Auflagen und wird hier nun — ähnlich wie „In Dir ist die Kraft!" in einer *großen* um dazugehörige Beiträge Hamblins *erweiterten Ausgabe* vorgelegt, die in dieser neuen Gestalt gewiß wiederum Tausenden wirksam helfen wird, sich wie Hamblin selbst von Furcht und Schwäche, Unzufriedenheit und Mißerfolg zu befreien und sich zu innerlich und äußerlich gesunden, harmonischen, zufriedenen, glücklichen und erfolgreichen Menschen zu entwickeln.

Vielleicht ist *Hamblin* gerade deshalb so vielen Suchenden zum leuchtenden Beispiel und anspornenden Vorbild geworden, weil er alles, was er schreibt und beschreibt, als Lebensschüler und Lebensmeister *selbst erarbeitet und errungen hat.*

In einer Vorbemerkung zur englischen Ausgabe dieses Werkes sagt er darüber unter anderem:

„Meine Schüler neigen oft zu der Ansicht, daß ich von Haus aus ein vollblütiger, starker, lebenszäher und positiver

Kraftmensch sein müsse, wenn ich hier von den segensreichen Wirkungen des Kraftdenkens spreche. Das ist durchaus nicht der Fall. Vielmehr habe ich mich erst nach langen und verzweifelten Kämpfen aus Furcht, Schwäche und Mißerfolg zu meiner heutigen Lage emporgerungen. Und wenn ich heute die Freude der Gegenwart erfasse, fühle ich klar, daß mir in diesem Leben nur noch eines zu tun bleibt: andere gleich mir zum Emporsteigen zu veranlassen und ihnen zu helfen, diesen neuen Geist auch in ihrem Leben zu einer lebendigen Kraft zu machen.

Ich kam als zartes, empfindsames Kind zur Welt und kannte niemals die Freuden einer robusten Gesundheit. Dazu kam der Nachteil eines schwachen, schwankenden Charakters. Unbeständig wie das Wetter, kam ich nie voran, und jede Versuchung fand in mir eine leichte Beute. Jedem Druck nachgebend, körperlich schwach und anfällig, seelisch unter dem Durchschnitt, ohne irgendwelche Aussichten und Hilfen — — was sollte da aus mir werden? Dazu fehlte es mir an Anpassungskraft und Konzentrationsvermögen. Wo jedermann glücklich durchkam, blieb ich unweigerlich hängen. Zu alledem suchte mich eine Krankheit nach der anderen heim ...

Furcht und Angst bildeten den Grundton meines Lebens: Furcht vor anderen Menschen, vor dem Morgen, vor der Zukunft, vor dem Unbekannten, — sogar das Anklopfen des Briefträgers erschreckte mich —, Furcht vor fremden Einflüssen, vor der Arbeit, vor jeder Veränderung meiner Lage, und sogar vor mir selbst — — derartige Empfindungen beherrschten mein Leben und schlugen meine Seele in Ketten.

Ich suchte zuerst Trost in der Kirche. In meiner Verzweiflung griff ich nach jedem Strohhalm — aber ohne Erfolg. Die Religion, an die ich mich klammerte, machte mich nicht widerstandsfähiger, sondern schwächer und elender, weil sie — obwohl ihrem Wesen nach ewige Wahrheiten enthaltend — von falschen psychologischen Grundsätzen ausging ... Schließlich fühlte ich mich von Gott und Menschen verlassen.

Damals nun war es, daß ich zum ersten Male mit der dynamischen Psychologie des Neugeist in Berührung kam. Obgleich ich in meiner Unerfahrenheit die schöpferische Kraft noch falsch anwandte und dadurch die Lebenshemmungen zuerst noch vergrößerte, lernte ich doch nach und nach das Geheimnis kennen, auf dem alles erfolgreiche Ringen und Überwinden beruht.

Ich begann aus meinen anfänglichen Fehlern zu lernen und kam trotz mancher Rückschläge und Mißerfolge allmählich, Schritt um Schritt, voran, bis ich schließlich das höhere Leben der inneren Einheit und des inneren Friedens, der seelischen Harmonie, der Gesundheit und des Erfolgs völlig erlangte.

Ich fand bald heraus, daß es hoffnungslos war, ohne systematische Arbeit an mir selbst voranzukommen. Nach vielem Überlegen und Erproben dämmerte mir nach und nach die Erkenntnis der letztlich wirkenden Gesetze. Und dieser Erkenntnis begann ich zu folgen: ich arbeitete mir ein praktisches System aus und erhob mich mit dessen Hilfe allmählich zur Lebensbejahung und schließlich zur Lebensbemeisterung.

Als erstes überwand ich Armut und Erfolglosigkeit, denn diese bedrückten mich damals am meisten. Ich tat dies mit solchem Eifer, daß ich das Ziel zwar in überraschend kurzer Zeit erreichte, dabei aber meine von Natur aus schwache Gesundheit vernachlässigte und untergrub, so daß ich zusammenbrach.

Heute weiß ich, daß dieser körperliche Zusammenbruch völlig unnötig war und niemals hätte eintreten brauchen. Auf jeden Fall war es damals für mich eine wertvolle Lehre. Der Fehler, den ich machte, war der, daß ich die Macht der Gedanken und die ungeheuren Kräfte des Inneren ohne Rücksicht auf die Gesetze des Alls zum Wirken brachte. Nach langen Erfahrungen erkannte ich schließlich, daß unser Leben nur dann wirklich allseitig und vollkommen erfolgreich wird, wenn wir im Einklang mit den kosmischen Harmonie-Gesetzen wirken.

Von Armut, Krankheit und Schwäche frei zu sein, ist gut; aber es gibt noch Höheres und Größeres, bei dessen Erlangung einem alles andere von selbst zufällt! Jenen, die ihr ,niederes Ich' überwinden und in Harmonie mit dem Unendlichen gelangen, werden Erfahrungen, Glückseligkeit und Kräfte zuteil, die mit Worten nicht beschreibbar sind.

Es gibt ein höheres Bewußtsein, in das jeder, der aufwärts zu schreiten willens ist, einzutreten vermag: ein Bewußtsein der All-Liebe, Kraft, Gesundheit, Freude, Fülle und All-Geborgenheit. Alle diese Kräfte und Schätze sind immer da, und in dem Maße, wie wir uns nach innen wenden und unser Bewußtsein emporheben, werden wir ihrer gewahr und teilhaftig und vermögen, sie in unserem täglichen Leben zu offenbaren.

Was nötig ist und stattfinden muß, wenn wir Eigner dieser Reichtümer werden wollen, ist eine gradweise Entfaltung und Erweiterung unseres Bewußtseins. Unendliche Vollkommenheit besteht, hier, jetzt und immer; sie wirkt sich aber in unserem Innern wie in unserem Leben erst dann aus, wenn wir sie in uns suchen und finden.

Die Annäherung an diese Wahrheitserkenntnis und Freiwerdung von innen her geschieht allmählich; sie will Schritt um Schritt errungen werden. Aber es gibt keinen, der sie nicht erlangen könnte!"

Dieser gradweisen Entfaltung und Erweiterung unseres Bewußtseins, der stufenweisen Entwicklung unserer inneren Kräfte und damit der Erlangung wirklicher Lebensüberlegenheit will das vorliegende Werk Hamblins dienen, wobei das, was im einzelnen zu beachten ist, von ihm *in zwei Stufen* dargeboten wird:

1) Auf der elementaren *Unterstufe* werden die Gesetze des rechten Denkens und Verhaltens im Leben behandelt, die zu beachten sind, wenn wir zu erfolgreicher Selbst- und Schicksalsmeisterung gelangen, also mißliche Zustände im inneren und äußeren Leben erfolgreich überwinden wollen.

2) Auf der *Oberstufe* werden für die in der Lebenskunst Fortgeschrittenen die *höheren Gesetzmäßigkeiten* und die unsichtbaren Kausalzusammenhänge aufgezeigt, deren Beachtung dazu verhilft, nicht nur vorübergehend und in Einzelfällen *Erfolg zu haben,* sondern darüber hinaus insgesamt und in Bezug auf das Leben als Ganzes *selbst ein Erfolg zu sein!*

Wenn dabei auf der Oberstufe schon auf der unteren Stufe erwähnte Lebensgesetze erneut behandelt werden, dann im Blick auf die tieferen schicksalhaften Zusammenhänge und die *Verwurzelung unseres zeitlichen, irdischen, menschlichen Daseins und Lebens im Ewigen, Kosmischen, Göttlichen.*

Um zu diesem *höheren Bewußtsein* zu gelangen, das erst die vollkommene Meisterung und Sinnerfüllung des Lebens möglich macht und die Krönung der Oberstufe darstellt, ist es jedoch unerläßlich, *zuerst die Unterstufe* zu durchschreiten und zu meistern und so das solide Fundament für den Neubau des Lebens zu legen.

Das Beglückende ist hier die Gewißheit, der Hamblin mit jedem Wort Ausdruck gibt: *daß jeder beide Stufen der Lebensschule dank seiner inneren Kraft und der Fähigkeit rechten Denkens und Selbstverwirklichens mit Erfolg zu durchschreiten und zu meistern imstande ist!*

K. O. Schmidt

UNTERSTUFE

KRAFTDENKEN — EINE MACHT!

Der Gedanke ist, wie *Emerson* sagt, die eigentliche *geistige Großmacht*, die die Welt beherrscht. Er ist stärker als jede andere Kraft, mächtiger als die Materie und alle äußeren Bedingungen.

Wer seine Gedanken meistert, der meistert sein Schicksal. Darum ist Gedankenzucht, Selbstbemeisterung das Größte, was wir vollbringen können. Wer sie erlangt, ist ein König unter den Menschen; er beherrscht sein Leben sicher und siegesgewiß von innen her, er wirkt von der Welt der Ursachen aus.

Unser Leben spiegelt stets die vorherrschende Richtung unserer Gedanken wider. Sind wir darum mit unserem heutigen Leben nicht zufrieden, wünschen wir mehr Freude, mehr Liebe, mehr Gesundheit, Harmonie und Erfolg, dann müssen wir unser *Gedankenleben* entsprechend erziehen und nur noch aufbauend denken. Wie dies zu geschehen hat, lehrt Neugeist; er lehrt uns, keine zerstreuten Alltagsdenker zu sein, sondern bewußte und konzentrierte *Kraftdenker*.

Kraftdenken heißt im wesentlichen *richtig denken.**)

Einem starken zielstrebigen Kraftgedanken kann nichts Materielles widerstehen. Einem Denken, das erfüllt ist mit dem Bewußtsein unserer Einheit mit dem Unendlichen, eignet unwiderstehliche Macht. Alle Schwierigkeiten lösen sich auf, wenn wir richtig, kraftbewußt, positiv denken und jeden Gedanken mit dem Bewußtsein unserer All-Einheit laden.

Zuerst muß etwas *in uns*, in unserem Denken Wirklichkeit geworden sein, ehe es in der Sinnenwelt in Erscheinung treten kann. Haben wir beispielsweise ein Hindernis gedanklich überwunden, *denken* wir es klein und unwichtig, so *wird*

---

*) Einen umfassenden Lehrgang rechten Denkens und positiven Handelns in Form eines Jahresplans der Selbst- und Lebensbemeisterung in 52 Wochenlektionen gibt die „*Neue Lebensschule*".

es klein und leicht und sicher überwindbar. Denken wir es dagegen groß und schwer besiegbar, dann wird es uns auch unmöglich sein, darüber hinwegzukommen.

Die Erziehung unserer Denkkraft und die Nutzung des Kraftdenken erscheint nur im Anfang schwer. In Wahrheit ist sie leicht, und je weiter wir voranschreiten, desto rascher stellt sich das Instrument unseres Denkens, unser *Hirn*, darauf um, alle Nervenbahnen, alle Ganglienzellen passen sich der neuen Einstellung an und schließlich geht das richtige, positive Kraftdenken gewohnheitsmäßig vor sich. Solange müssen wir üben, bis dieser Zeitpunkt erreicht ist.

Gedanken sind geistige Dinge: Sie haben Form, Leben, Kraft. Oft leben sie sogar länger als der Mensch, der sie dachte. *Jeder Gedanke hat eine Wirkung,* entweder zum Guten oder zum Bösen, und zwar in unserem Körper ebenso wie in unserem Charakter und Schicksal. Jeder Gedanke wird Teil unseres Unterbewußtseins und wirkt von dorther bestimmend auf unser Tun. Wer sein Denken fortgesetzt auf Haß und Rache konzentriert, kann schließlich zum Mörder werden; wer sein Unterbewußtsein ständig mit Gedanken der Liebe erfüllt, wird schließlich Ungezählten zum Helfer. So ist alles, was wir denken, bestimmend für unser Sein. Unser Denken trägt uns aufwärts oder abwärts.

Aber noch mehr: Jeder Gedanke, den wir hinaussenden, eilt als Engel des Lichts oder der Finsternis davon, um zu wirken und Bedingungen zu schaffen gemäß seiner Art. Und schließlich kehrt er mit hunderten und tausenden seinesgleichen *zu uns zurück,* entweder um uns zu helfen oder um niederzureißen und zu zerstören.

Es gibt zwei Arten von Gedanken: positive und negative. *Positive,* aufbauende, gute, bejahende Gedanken helfen uns, mehren unsere Gesundheit, stärken unseren Charakter und ziehen Glück und Erfolg herbei, Freunde und Helfer; *negative,* verneinende und ungute Gedanken hindern uns, reißen nieder, schwächen unsere Gesundheit und Kraft, untergraben unseren Charakter, tragen Disharmonien und Mißerfolge in unser Leben und ziehen unerwünschte Menschen herbei, die uns übelwollen und schaden.

Jeder Gedanke ist ein Magnet, der das Gedachte heranzuziehen und zu verwirklichen strebt. *In einer bestimmten Richtung denken heißt somit, sich in einer bestimmten Richtung zu entwickeln.* Durch unser Denken erfüllen wir unser Leben mit Sonne oder Finsternis — immer gemäß der Natur und Richtung unserer Gedanken.

Alle äußeren Einflüsse haben nur solange Macht über uns, als wir ihnen in unserem Denken Macht einräumen und solange wir uns, obwohl wir *Geistwesen* sind, den Gesetzen der niederen Ebene, der Sinnenwelt, unterwerfen. Verbinden wir uns dagegen in Stille und Schweigen mit dem Göttlichen in uns und seiner Kraft, *dann erheben wir uns über alle Mächte und Einflüsse der äußeren Welt. Indem wir uns einwärts-, gottwärtswenden, machen wir die meisten leidvollen Erfahrungen des Lebens für uns unnötig.*

DAS GEHEIMNIS DER ERFOLG-REICHEN LEBENSGESTALTUNG

Erfolgreiches Leben besteht — um das gleich zu sagen — nicht im Aufstapeln von Reichtümern. Wer Wohlstand nur um des *Besitzes* willen erstrebt, wird der Sklave seines Besitztums und ein Besessener. Wer aus bloßer ichsüchtiger Besitzgier durch magische Praktiken oder okkulte Methoden Reichtum zu erwerben trachtet, wird bald erkennen, daß mit dem Erlangen des Gewünschten oft schon gleichzeitig, sicher aber später immer auch etwas *Unerwünschtes* sich mit einstellt: ein schmerzlicher Verlust, Krankheit oder häusliches Elend, so daß wirkliches Glück nicht zustandekommt.

Selbstverständlich stellt sich der herbeigesehnte oder herbeigezwungene Wohlstand ein; denn immer wird das, was wir denken, Wirklichkeit. Aber mit ihm kommen oft Leiden und Schicksalsschläge. — Der Kraftdenker und bewußte Lebensmeister dagegen befolgt nur rein geistige Methoden und folgt in allem den Gesetzen der Harmonie. Der Ausgangspunkt ist der gleiche, aber *Gesinnung* und *Ziel* sind verschieden. Die Gesinnung aber ist entscheidend für die Art des Erfolgs. Wer Neugeist für niedere, egoistische Zwecke benutzt, wird es später meistens bereuen. Zuerst muß die Harmonie mit den Gesetzen des Alls hergestellt sein, damit das Ersehnte bitternis- und hindernis-frei Wirklichkeit werden kann!

Man erkenne klar, daß *die Kraft*, die dem Göttlichen entquillt und die wir durch unser Denken zur Auslösung und Anwendung bringen, an sich *weder gut noch böse* ist — wenigstens im kleinmenschlichen Sinne; obwohl sie naturgemäß im höchsten Sinne *gut*, weil göttlich ist. Es ist einfach die Lebenskraft. Mit anderen Worten: *die Kraft*, die sich — durch unser *falsches* Denken und Tun — in Krankheit und anderen negativen Zuständen auswirkt, ist die *gleiche Kraft*, die — infolge unseres *rechten* Denkens und Tuns — ihren Ausdruck in Gesundheit, Glück und anderen Formen des Guten findet. Der *Unterschied* liegt also nicht in der Kraft selbst, sondern *in der Art unseres Denken*, das die göttliche Kraft in gute oder böse Kanäle leitet.

Hieraus erhellt, wie wichtig es ist, die Gedanken zu beherrschen und sich dazu zu erziehen, *nur Gutes zu denken*, damit die kosmische Kraft in unserem Leben nur Gutes hervorbringt. Graphisch läßt sich dies durch das gegenüberstehende Diagramm verständlich machen. Was es uns bewußt machen will, ist dies:

Unsere Gedanken wirken wie ein Prisma, das die kosmischen Kraftstrahlen ins Negative und Positive umbiegt. Es hängt also von *unserem Denke*n ab, was aus unserem Leben wird.

Wahrer Erfolg ist eine Folge rechter innerer Umstellung, positiven Denkens und bewußter Bejahung der All-Kraft und All-Fülle. Jeder Erfolg, der *ohne* diese grundlegende Denk-Erneuerung herbeigezwungen wird, ist unbeständig und bricht früher oder später zusammen, weil ihm die sichere Grundlage fehlt.

Das Geheimnis erfolgreicher Lebensführung besteht darin, in die Stille einzutreten und danach zu trachten, mit den Kräften des Alls und mit dem kosmischen Harmoniegesetz in Einklang zu kommen und in bewußter Nachfolge des All-Willens unser Glück und unsere Vollkommenheit unaufhörlich zu bejahen.

Das Leben eines jeden von uns ist, im Lichte der Ewigkeit, mit dem Auge Gottes gesehen, vollkommen, das heißt, es ist vollkommen seinem inneren Wesen und seiner letzten Bestimmung nach. An uns liegt es, diese *innere Vollkommenheit auch äußerlich zur Offenbarung zu bringen,* und das geschieht eben durch Befolgung der neugeistigen Anweisungen, wodurch wir der inneren Vollkommenheit so nahe wie möglich kommen.

DIE KOSMISCHE KRAFT

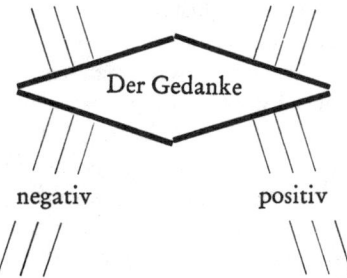

Der Gedanke

negativ   positiv

Schwäche, Leid, Elend, Krankheit, Haß, Ärger, Sorge, Verstimmung, Verzweiflung, Mißerfolg

Kraft, Freude, Glück, Gesundheit, Liebe, Frieden, Harmonie, Heiterkeit, Mut, Erfolg

ÜBERWINDUNG VON LAUNEN UND SCHLECHTEN GEWOHNHEITEN

Die meisten Menschen sind in hohem Maße Spielball von Stimmungen und Launen. In einem Augenblick sind sie froh und vergnügt, im nächsten erscheint ihnen das Leben düster und hoffnungsleer. Sie lassen sich vom Auf und Ab des Lebens wie ein Korken von den Meereswellen mitreißen, statt ihren Weg *selbst* zu bestimmen.

Man bedenke einmal, welche Schädigungen ein Mensch im Beruf und sonst im Leben durch seine Launen und Verstimmungen erleidet: Ein mißgestimmter, deprimierter Mensch verliert Freundschaften, Erfolg und Wohlstand. Man geht ihm aus dem Wege, um nicht von seiner Übellaunigkeit angesteckt zu werden. Und nicht nur das: Diese negativen Stimmungen lähmen auch seinen Mut und Unternehmungsgeist, untergraben das Selbstvertrauen und bereiten Mißerfolge vor.

Einerlei, was er auch unternimmt, immer erweist es sich als verfehlt. Dadurch wird seine Mutlosigkeit naturgemäß immer größer; neue Widrigkeiten steigen herauf, er begegnet ihnen falsch; Krankheiten stellen sich ein. Sobald die eine Schwierigkeit vorüber ist, tritt eine andere in Erscheinung, und zwar solange, als der Mensch *falsch denkt*.

Erfolg im Beruf und sonst im Leben hängt weit mehr von starker *positiver Geisteshaltung* ab als von Fleiß und Leistungen. Mit einem stets ungeduldigen, reizbaren und ungerechten Pessimisten hat niemand gern zu tun. Mit ihm macht man, wenn man nicht muß, auch keine Geschäfte. Alle Tüchtigkeit nützt ihn nichts. Was würde ein solcher Mensch nicht dafür geben, wenn er von seinen schlechten Gewohnheiten frei werden könnte.

Das Heilmittel ist einfach und immer zur Hand. In jedem Fall ist restlose Hilfe möglich. Jeder kann lernen, sich selbst zu stimmen, statt sich von außen stimmen und bestimmen zu lassen; er kann lernen, immer ausgeglichen und gut gelaunt, immer froh und zufrieden zu sein, die oft tragischen Folgen übler Stimmungen und Launen zu vermeiden und das Glück herbeizuziehen. Denn wer seine Stimmungen meistert, meistert auch das Glück: er zieht Freude, Gesundheit, Sonnigkeit, Freunde und Erfolge an.

Und *wie* meistert man seine Launen? Indem man sein *Denken* dazu erzieht, sich grundsätzlich niemals auf negative Dinge, Bilder und Gefühle zu richten, sondern sich, wenn ein negativer Gedanke auftaucht, immer sofort davon ab- und auf einen *entgegengesetzten positiven gefühlsbetonten Gedanken* hinzuwenden und Glück und Erfolg zu bejahen. Die Überwindung von Verstimmungen und üblen Gewohnheiten ist also lediglich eine Frage der Erziehung *zu richtigem Denken*. Schlechte Gewohnheiten werden niemals dadurch überwunden, daß man sie von außen her bekämpft, sondern dadurch, daß man ihre inneren Ursachen beseitigt, indem man richtig denkt.

Durch die *Bekämpfung* eines Übels richten wir ja gerade unsere Aufmerksamkeit, unser Denken noch mehr darauf, stärken es also, statt es zu schwächen. Richten wir unsere Gedanken dagegen auf entgegengesetzte *positive* Bilder, Neigungen und Gewohnheiten, dann wecken und stärken wir diese und schwächen im gleichen Maße die negativen durch Kraftentziehung. Der einzige Weg, aller Übel Herr zu werden, ist also der, nicht sie sondern *sich selbst zu ändern,* die Übel links liegen zu lassen und *das Gute zu bejahen.* Immer wächst das, was wir bejahen; wir müssen die Bejahung nur solange fortsetzen, bis sich unser etwas dickfelliges Unterbewußtsein darauf umgestellt hat, das heißt, bis die neue Denkrichtung zur *Gewohnheit* geworden ist.

Als Beispiel diene eine elektrische Transformatorenstation. Deren Funktion besteht bekanntlich darin, die Stromstärke zu ändern. Ein ebensolcher Transformator ist der Mensch: Der *negative* Mensch verwandelt infolge seines falschen

Denkens die an sich vollkommen guten und fördernden Lebenskräfte in Übel und Hindernisse um. Will er diese beseitigen, muß er *sein Denken ändern.* Alle Unvollkommenheit hat ihre Ursache in seinem negativen Schwingungszustand.

So wie der gleiche Ton in den höheren Oktaven wiederkehrt, so vermag der Mensch sein *Denken* auf eine höhere Oktave hinaufzuführen. Sobald das geschieht, wandelt sich auch sein *Leben* aus dem bisher Negativen ins Positive um: die Schwierigkeiten schwinden; die Sonne zieht in sein Leben ein.

ÜBERWINDUNG VON ÄRGER UND FURCHT

Ein Mensch, der sich leicht erregt und ärgert oder alles mögliche fürchtet, kann nie ganz gesund und glücklich sein. Ärger und Furcht zerrütten die Nerven, wirken nachteilig auf die Verdauung und alle Lebensvorgänge ein, schwächen die Widerstandskraft und Leistungsfähigkeit und machen den Körper für alle möglichen Leiden anfällig. Sie sind Räuber unseres Lebensglücks. Jedenfalls habe ich nie gehört, daß jemand einen Vorteil davon hatte, daß er sich ärgerte. Vielmehr erhöhen Ärger und Furcht alle Schwierigkeiten um das Mehrfache.

Zur Überwindung dieser beiden Laster bedarf es wiederum der Schulung im *richtigen Denken.* Durch Richtig Denken überwindet man sie und wird zum Meister seiner Gedanken, Gefühle und Stimmungen. Ärger und Furcht sind nämlich ebenso wie Launen und Verstimmungen Folgen ungenügender Gedankenerziehung und Selbstbeherrschung. Sie haben mit der Arbeit und den Dingen, die uns treffen, an sich *nichts* zu tun; denn erfahrungsgemäß haben die, die sich am meisten ärgern, am wenigsten Grund dazu, und man sagt, daß dem, der genug zu tun hat, zum Ärgern gar keine Zeit bleibt.

Es gibt kaum einen schöneren Sieg als die Überwindung von Ärger und Furcht. Manche waren, ehe sie die dynamische Psychologie Neugeists kennen und nutzen gelernt hatten, in Bezug auf diese beiden eng miteinander zusammenhängenden Laster übel daran. Sie ärgerten sich über alles und waren immer vor tausend Gespenstern auf der Flucht: vor schlimmen Nachrichten, Unfällen, Krankheit, Unwohlsein, Enttäuschung und Mißerfolg. Sie fürchteten die Zukunft und besaßen weder inneren Frieden noch Vertrauen. Das Leben vieler von ihnen war vor dem Bekanntwerden mit Neugeist eine ununterbrochene Kette von Angst und Sorgen.

So wurden sie im Laufe der Zeit immer unfähiger, ihren Pflichten nachzukommen oder gar größere Schwierigkeiten zu überwinden. Sie *dachten* sich klein und schwach; und sie *wurden* es!

Heute, nachdem sie längst ihre negativen Veranlagungen in positive Kräfte und Gewohnheiten umgewandelt haben, nachdem sie Ärger und Furcht durch Harmonie, Freude und Mut ersetzt haben, erkennen sie, daß die früheren negativen Veranlagungen eigentlich ein *Segen* waren, ein Teil jener Macht, die stets das Böse will und doch das Gute schafft. Denn die *bewußte Überwindung* dieser Mängel hat nicht nur den Charakter dieser Menschen gefestigt und ihre Widerstandskraft gestärkt, sondern sie auch fähig gemacht, anderen zu helfen und ihnen den Weg der Überwindung auch ihrer Schwächen zu zeigen.

Bevor man Ärger und Furcht zu überwinden vermag, muß man erkennen, daß es in Wahrheit nichts gibt, über das man sich ärgern oder das man fürchten müßte. Zu dieser Erkenntnis führt Neugeist. Es handelt sich hierbei allerdings nicht um ein *äußeres,* bloß verstandesgemäßes Erkennen, sondern um ein Innewerden, ein *inneres Erkennen* in Stille und Schweigen.

Neugeist lehrt, daß man Ärger und Furcht überwindet,

indem man seine Gedanken auf die ewig-unwandelbare Wirklichkeit konzentriert und seine Einheit mit der All-Liebe und All-Kraft bejaht. Durch bloße äußerliche Mittel wie vernünftiges Zureden sind Ärger und Furcht nicht zu beseitigen, sondern nur durch das *innere Erfassen ihrer Grund- und Wesenlosigkeit* werden sie mit der Wurzel ausgerottet. Die Erkenntnis der Wahrheit, die uns frei macht — das ist der einzige Weg dauernder Heilung von Ärger und Furcht.

Unser wahres Wesen wird von Ärger und Furcht nicht berührt. Und wenn wir uns in der Stille zu unserem wahren Wesen erheben, wenn wir uns in der Meditation mit dem göttlichen Zentrum unserer Seele vereinen, dann erheben wir uns über alles Niedere, allen Ärger und alle Furcht so hoch hinaus, daß sie uns nie mehr berühren können. Wenn unser Denken nicht auf die Dinge, die uns vermeintlich verstimmen oder ängstigen wollen, sondern auf den Gott in uns und seine Hilfe gerichtet ist, sterben Ärger und Furcht von selbst.

ÜBERWINDUNG VON SORGEN UND SCHWIERIGKEITEN

Der moderne Mensch neigt dazu, sich mit einer Unmenge ganz überflüssiger Sorgen zu beladen. Viele sehen aus, als wäre die Sorge um das Schicksal der ganzen Welt auf ihre schwachen Schultern gelegt. Manche brechen unter den eingebildeten Sorgen und Schwierigkeiten zusammen und erreichen oft nie wieder ihre ursprüngliche Kraft und Frische.

Es gibt nichts Aufreibenderes als das ständige Sorgen und sich Quälen, das zur Hauptsache aus dem Mangel an Konzentration und aus der Undiszipliniertheit unseres Unterbewußtseins herrührt. Das Unterbewußtsein der meisten Menschen ist bis oben hin mit Gedanken der Sorge und Unruhe angefüllt, was wiederum die Gewohnheit hervorruft, sich in einem fort abzuhärmen und zu ärgern, sich zu quälen und zu plagen, sich zu mühen und zu beunruhigen. Die Furcht der ganzen Kreatur scheint sich in unserem Unterbewußtsein angesammelt zu haben.

Dazu kommt noch, daß die Meisten ganz falsche Vorstellungen von *Gott* haben, daß die Lehren der Kirche ihre Lebensangst nicht beseitigen, sondern noch steigern. Schon in ihrer frühesten Kindheit, wo das Unterbewußtsein am stärksten und nachhaltigsten beeindruckt wird, hat man ihnen Gott als schwarzen Mann hingestellt, der jeden Unglauben und Ungehorsam mit ewiger Höllenqual bestraft. Sie lernten, daß dieser Gott der Rache und Grausamkeit sie ewig peinigen würde, wenn sie nicht glauben, was sie doch nicht begreifen konnten und was mit ihrer Vernunft und ihrem Gerechtigkeitsgefühl in krassem Widerspruch stand.

Zum Glück für die Menschheit weichen diese primitiven Gottesvorstellungen heute mehr und mehr einer reineren und wirklichkeitsgemäßen Gotterkenntnis. Der Glaube, daß *Gott unendliche Liebe und Güte ist* und nur unser Wohl will, gewinnt mehr und mehr Boden. Man beginnt zu erkennen, daß alles Übel, alles Böse *negativ* ist, eine Folge unserer Trennung vom Göttlichen, unseres falschen Denkens und unserer inneren Disharmonie mit den kosmischen Gesetzen. Und man erkennt immer klarer, daß der Mensch alles Elend und Unglück *selbst in sein Leben hineinbringt* — durch seinen falschen Glauben, sein falsches Denken und Tun.

Viele Sorgen kommen aus mangelhafter Denk-Erziehung. Wenn wir unsere Gedanken nicht beherrschen, sie also nicht abhalten, sich mit negativen Bildern und Sorgen zu beschäftigen, kann unser Leben nicht von Schwierigkeiten frei werden. *Denn die Schwierigkeiten werden um so größer, je mehr wir uns sorgen,* und um so kleiner, je mehr wir der inneren Führung und dem kosmischen Harmoniegesetz vertrauen.

Es hängt also allein von *uns* ab, ob und wie wir die Schwierigkeiten in unserem täglichen Leben überwinden; es hängt von unserer *Einstellung* ab, ob wir Pechvögel oder Glückspilze sind. Jede Schwierigkeit kann durch rechte Einstellung und die Methoden Neugeists überwunden werden, nicht von außen, sondern von *innen* her, indem wir uns in der Stille mit der Allkraft vereinen und so stärker werden als unser Schicksal. Erheben wir unser Denken aus der bisherigen Zerrissenheit hinauf zur Einheit mit dem Willen des Unendlichen, dann weichen alle Schwierigkeiten uns aus dem Wege.

Dazu ist nötig: *erstens* systematische Erziehung des Unterbewußtseins durch ständige *Bejahung*, das heißt durch Konzentration unseres Denkens auf positive Vorstellungen und Bilder, und zwar solange, bis die inneren Bilder äußere Wirklichkeit geworden sind; *zweitens* tägliche *Meditation* über Gott als die unendliche Liebe und Güte; *drittens* ständige Selbstkontrolle und *Besinnung* auf unser inneres Bestimmtsein zur Vollkommenheit. Kein Gedanke der Schwäche, der Furcht oder des Zweifels darf in uns Platz greifen, sondern muß sofort bei seinem Auftauchen in sein Gegenteil umgewandelt werden.

Diesen Weg planmäßiger Denkerziehung kann jeder gehen, der wirklich vorwärts will und ausharrt. Vielleicht gibt es im Anfang Rückfälle, aber wenn er sein Denken konsequent auf seine Innenkraft und auf sein hohes Ziel richtet, vermag ihn auf die Dauer nichts aufzuhalten. Er wird Schritt um Schritt freier und glücklicher, immer mehr fällt alle Furcht von ihm und in ihm wird es hell und licht. Er wächst immer fühlbarer in eine höhere Bewußtseinsebene hinauf, und eines Tages vermögen ihn die Nöte und Sorgen der Sinnenwelt nicht mehr zu berühren. Eines Tages ist er nicht mehr Sklave der äußeren Dinge und seiner Gefühle, sondern ihr Herr und Meister.

DIE ERLANGUNG WAHREN ERFOLGS

Man kann die Menschen in zwei Gruppen teilen: in jene, die *an ihren Erfolg glauben,* und jene, die *den Mißerfolg fürchten.* Die Ersteren haben Erfolg im Leben; die Letzteren bleiben Spielball des Schicksals. Die Ersteren benutzen, bewußt oder unbewußt, die innere Kraft, die Macht rechten Denkens; die Letzteren verjagen durch ihre falsche Einstellung allen Erfolg und alles Glück von der Schwelle ihres Heims.

Wer sich sagt: Ich kann und werde Erfolg haben! und auch daran glaubt, der bringt die innere Kraft zur Entfaltung und Auswirkung; und wie groß die Schwierigkeiten und Hindernisse auch sein mögen, er wird sie überwinden. — Wer aber immerfort fürchtet, es könnte ihm mißlingen, wer sich bei jeder Schwierigkeit ängstlich fragt: *Kann ich?* statt diese beiden Worte bewußt zu vertauschen und sich zu sagen: *Ich kann!* der legt sich selbst Steine in den Weg, versperrt sich den Zugang zu seiner inneren Kraft und macht sich selbst hilflos und ohnmächtig.

Prüfe tausend erfolgreiche Männer daraufhin, *was* sie so erfolgreich werden ließ. Du wirst immer die gleiche Ursache finden: Sie alle hatten und haben ein starkes, tief wurzelndes *Vertrauen zu ihrer eigenen Kraft;* sie glauben an ihren Erfolg. Dieser Glaube ist so stark, daß sie, wie sie auch fallen und Rückschläge erleben, immer wieder aufstehen und nicht einhalten in ihrem Vorwärtsstreben, bis sie ihr Ziel erreicht haben. Sie alle sind zum Erfolg gekommen, *weil sie nicht aufhörten, ihn zu bejahen.* Denn der Geist ist stärker als die Macht der Materie, kein äußeres Hindernis kann der Macht der Gedanken widerstehen.

Alle großen und erfolgreichen Männer haben bewußt oder unbewußt nach neugeistigen, d. h. dynamisch-psychologischen Grundsätzen gehandelt. Sie haben ihre Innenkraft geweckt und mit deren Hilfe alle Schwierigkeiten überwunden. *Zuerst* haben sie in ihrem Geiste ein Bild dessen, was sie vollbringen wollten, geschaffen und dies Bild bis zum Augenblick der äußeren Verwirklichung nicht aus Auge und Sinn gelassen. *Zweitens* haben sie, wenn ihnen ein Hindernis drohend in den Weg trat, ihm die Kraft abgesprochen, sie auf ihrem Wege aufhalten zu können, und ihm dadurch alle Macht genommen. *Drittens* haben sie täglich ihre Erfolgskraft bejaht und ihren Erfolg geistig vorbereitet, indem sie sich immer wieder darauf konzentrierten, ohne sich um die Schwierigkeiten zu kümmern. So denkend, haben sie alle Hindernisse beiseitegeräumt und ihre Siege errungen.

Diese Methode bewußter Erfolgsbejahung und -Verwirklichung kann *jeder* auf Wert und Brauchbarkeit erproben.

Wenn Du beispielsweise einen bestimmten Wunsch hast und seine Erfüllung in der gezeigten Weise bejahst, das Ziel ständig vor Augen hältst, Dich täglich darauf konzentrierst und allen auftauchenden Schwierigkeiten mit der inneren Gewißheit und Überzeugung begegnest, daß Du stärker bist als alle Schwierigkeiten der Welt und Dein Ziel unbedingt erreichen wirst, dann gibt es in der Tat keine Macht auf Erden, die Dich ernsthaft hindern könnte, Dein Ziel zu erreichen.

Das geistige Bild des Erfolges, das Du in Dir prägst und durch stetes Darandenken nährst, wirkt wie ein Magnet: Es zieht nicht nur die zur Verwirklichung erforderlichen inneren Kräfte herbei, sondern auch das Material, das zu seiner sichtbaren Gestaltung im äußeren Leben nötig ist. Es hilft, günstige äußere Bedingungen zu schaffen und den Boden für den Erfolg vorzubereiten, so daß Du nur die auf Dich einstürmenden Gelegenheiten zu ergreifen und den rechten Gebrauch davon zu machen hast.

Diese rechte Erfolgsgesinnung kann jeder erlangen. Wer sie nicht hat, kann sie sich anerziehen. Der schwächste und unglücklichste Mensch kann stark und glücklich werden, wenn er den hier gezeigten Weg geht und die Methoden befolgt, die Neugeist lehrt. Wer ständig seinen Mut und Erfolg bejaht, wird bald von Furcht und Mißerfolgen frei sein. Was wir innerlich bejahen, wird früher oder später auch äußerlich Wirklichkeit.

Wer einmal erkannt hat, welche Macht im Kraftdenken liegt, der wird niemals denken, sagen oder zugeben, daß sein Leben ein Fehlschlag wird. Er weiß, daß wir alle zu Glück, Fülle und Erfolg bestimmt sind. Da der Mensch nach dem Ebenbild Gottes geschaffen, also ein Kind der kosmischen Kräfte der Harmonie, Liebe und Vollkommenheit ist, muß und kann er auch in jeder Hinsicht erfolgreich sein.

Ein Leben, das den ihm gesetzten Zielen und Idealen nicht nahekommt, ist ein Fehlschlag. Es kann einer Millionär oder ein führender Staatsmann sein — wenn er nicht seine höchsten Ideale verwirklicht hat, war sein Leben ein Fehlschlag. Diese Ideale legt das Göttliche uns in die Brust; unsere Aufgabe ist es, ihnen nachzustreben und unsere innere Bestimmung zu erfüllen. Nur die Befolgung dieses uns von innen her vorgezeichneten Weges hat wahrhafte Befriedigung und dauernde Fülle zur Folge.

ÜBERWINDUNG DER ARMUT

Warum sind die einen immer erfolgreich und sorgenfrei, während andere ständig mit Geldnöten und Sorgen zu kämpfen haben?

Bei den Ersteren ist es einerlei, was sie auch trifft: immer fallen sie auf ihre Füße, immer gelingt es ihnen, ihr Lebensschifflein sicher an allen Klippen vorbeizusteuern. Wenn sie in Bedrängnis kommen, stellt sich immer im rechten Augenblick die Hilfe ein; was sie brauchen, um Erfolg zu haben, ist stets im richtigen Moment zu ihrer Verfügung.

Beim Pechvogel dagegen ist es gerade umgekehrt: Er bleibt trotz aller Sorgfalt und Vorsicht an jeder Klippe hängen;

alles scheint darauf angelegt, schief zu gehen; immer wieder läuft sein Schiff leck und das Wasser steht ihm ständig bis an den Hals.

Woher kommt das?

Die Ursachen sind rein geistiger Natur: Die Letztgenannten leiden an dem, was man als *Armut-Gesinnung* bezeichnen könnte. Was sie tun, mißlingt ihnen. Würden sie die Ursache in ihrer eigenen falschen Denkeinstellung, in ihrer armutbejahenden Haltung suchen und diese umstellen, sie würden ihr Elend bald überwinden.

Die geistige Haltung des Erfolgreichen dagegen weist mehr *Harmonie mit dem Gesetz der Fülle* auf als die des Armen, bei dem gerade das ewige Sorgen und Fürchten des Mißerfolgs und der Not allen Erfolg unmöglich macht.

Ich kenne einen Mann, der sein Leben lang das Geld mit vollen Händen ausgegeben hat, der sogar einmal vor dem Konkurs stand und trotzdem auch heute noch in Wohlstand lebt und allem Anschein nach weder Neigung noch Aussicht hat, auf dem Wohlfahrtsamt zu enden. Dieser Mann hat die rechte Gesinnung des Erfolgs, er ist in Harmonie mit dem Gesetz der Fülle. Auf der anderen Seite kenne ich genügend tüchtige Männer, die es trotz Intelligenz und Fleiß nie weiter als bis zum Allernötigsten gebracht haben. Je mehr sie sich sorgten, desto schwerer wurde ihr Leben. Sie hatten Fleiß, Ausdauer und manche anderen wertvollen Qualitäten — aber ihnen fehlte die *Gesinnung des Erfolges, die positive Selbstbejahung.*

Die innere Einstellung ist entscheidend. Immer ist das Unsichtbare die Ursache des Sichtbaren. Alles, was wir um uns sehen, ist Auswirkung von Ursachen, die im Unsichtbaren lagen, vor allem in unserem Denken. Die geistige Welt ist ein ungeheures Reservoir der Kraft und Fülle, aus dem wir alle schöpfen sollten. Der sorglose *Glückspilz* befindet sich im Gegensatz zum Armutbesessenen in einem Zustand größerer Aufnahmefähigkeit und Hingabe an die helfenden Kräfte, an die *Fülle;* darum hat er mehr Erfolg, während der *Pech-vogel* nie vorankommt, weil er sein Denken auf die *Schwie-rigkeiten* statt auf die Fülle richtet.

Der Grund unserer Armut liegt also in unserem *falschen Denken.* Indem wir immer an Armut und Mangel denken, schließen wir uns von der Fülle aus. Wünschen wir Wohlstand und Erfolg, dann ist die erste Bedingung, daß wir unser Denken und Fühlen von nun ab unausgesetzt auf das einstellen, was wir als das Ideal eines glücklichen und harmonischen Lebens ansehen. Indem wir unser Denken beständig auf dieses Idealbild richten und unsere Kraft bejahen, dies Idealbild zu verwirklichen, kommen wir in Kontakt mit unserem „Inneren Helfer", mit den kosmischen Kräfteströmen und setzen sie in Richtung auf unser Ziel in Tätigkeit.

Von unserem Denken hängt es also ab, ob wir arm oder reich sind. Immer ziehen wir das an, was wir denken. Wer beständig die Fülle bejaht, dem wird bald nichts mehr fehlen. Wenn wir auf unsere innere Kraft vertrauen und unseren Aufstieg bejahen, wird er kommen, auch wenn die Aussichten dafür eins zu einer Million stehen. Was immer wir vom Gott in uns — im festen Vertrauen darauf, daß er unseren Wunsch erfüllt — fordern, das wird uns werden. Aus der ständigen Bejahung unserer Kraft und Gott-Verbundenheit fließt die ständige Erfüllung unseres Sehnens. Im Laufe der Zeit fällt alle Kleinheit und Furcht von uns ab. Wir werden immer mehr das, was wir zu sein wünschten.

Wir erkennen dann, daß wir auch nicht zu sparen und uns alles zu versagen brauchen. Die, die Geld zurücklegen aus Angst vor der Not, also aus *Mangel an Vertrauen* zum Inneren Helfer und zum Gesetz der Fülle, ziehen gerade die insgeheim gefürchtete Not herbei, bis diese schließlich Wirklichkeit wird und ihnen alles wieder nimmt. Unsere Gedanken wirken sich in jedem Falle aus.

Der Richtigdenker verwendet das, was er erlangt, dazu, sein Glück und das der Menschen um ihn herum zu mehren.

Er schöpft aus der Fülle, die er unaufhörlich bejaht. Er weiß, daß die innere Hilfe kein Ende hat, solange er auf sie vertraut. So wie die Natur nur die Fülle kennt und alles, was sie schenkt, myriadenfach ausstreut, so ist der Gott in uns ein *Gott der Fülle*, und denen, die auf seine Hilfe vertrauen, wird nichts mangeln.

GESUNDHEIT —
UNSER HÖCHSTES GUT

Kein Erfolg, kein Glück ist möglich, solange wir krank sind. Die, die reich geworden sind, darüber aber ihre Gesundheit eingebüßt haben, erkennen bald, daß sie einen schlechten Tausch abgeschlossen haben und alles Gold der Welt sie nicht für ihre verlorene Gesundheit entschädigen kann.

Der normale Zustand ist der der Gesundheit. Woher kommt aber dann die Krankheit? Ehe wir diese Frage beantworten können, müssen wir erkennen, daß vor jeder Wirkung eine Ursache war. *Was uns trifft, ist die Folge von Ursachen, die in uns selbst liegen.*

Wir sahen bereits, daß der *Gedanke* die größte Macht ist und daß unser Denken uns stark oder schwach, reich oder arm macht. Durch unser Denken *mehren* wir entweder unsere innere Harmonie, oder wir *stören* sie. Das eine hat Gesundheit, das andere Krankheit zur Folge. *Gesundheit ist Harmonie*, Krankheit gestörte Harmonie oder Disharmonie.

Millionen Menschen könnten ihre Gesundheit wiedererlangen, wenn sie nur den Weg wüßten. Es gibt bekanntlich körperliche und seelische Krankheitsanlässe. Zu den ersteren zählen: zu viel oder falsche Nahrung, ungenügendes Kauen, zu viel oder zu wenig Körperbewegung, ungenügende Atmung, Ausschweifungen usw. Viel tiefgreifender und schwerwiegender sind aber die Krankheitsursachen, die in unserem Gemüts- und Geistesleben wurzeln. Im Grunde hängt unser körperliches Gesundsein zuerst und vor allem vom seelisch-geistigen Wohlbefinden ab. Wirkliche Gesundheit ist *harmonische Leib-Seele-Geist-Einheit*. Und diese Harmonie hängt wieder vor allem von unserem *Denken* ab.

Wo innere und äußere Harmonie herrscht, ist Krankheit unmöglich, wie Gesundheit nie möglich ist, wo diese Harmonie fehlt. Wer Gedanken des Hasses oder der Sorge Raum gibt, kann nie gesund bleiben. Denn solche Gedanken stören die innere Harmonie, ruinieren die Nerven und erzeugen im Körper Gifte von tödlicher Wirkung. Dazu kommt noch die Neigung des Unterbewußtseins, alle negativen Schwingungen zu verstärken und möglichst lange am Leben zu erhalten. Glauben wir dazu noch an die Notwendigkeit von Krankheit und Leiden, dann ist es fast unmöglich, Krankheiten zu vermeiden.

Denn unser Körperzustand und Leben ist das Ergebnis unseres Denkens. Unsere Gedanken sind die Ursachen, unser heutiger Zustand ist die Auswirkung. Krankheiten sind direkte und indirekte Folgen falschen, disharmonischen Denkens und Lebens. Unser Körper besteht aus Billionen geschäftigen Zellwesen, die immerfort unserem Denken gemäß wirken. Diese Wesen sind mit der Fähigkeit ausgerüstet, jeden unserer Gedanken intelligent zu erfüllen. Denken wir nun negativ, dann gibt unser Unterbewußtsein all diesen Zellwesen den Befehl, nach unserem Denken zu handeln. Die Folge ist Abbau, Zerstörung, Krankheit.

Nur *rechtes* Denken kann den heutigen feinnervigen Menschenschlag dahin bringen, sich wohl zu fühlen und zu einem Zustand dauernder Gesundheit zu gelangen. Der heutige Mensch ist so empfindlich, daß schon *unkonzentriertes Denken* nervöses Kopfweh, Gereiztheit und Verstimmung hervorruft, während gewohnheitsmäßiges *falsches Denken* schwere Störungen zur Folge hat und ernsten Krankheiten Tor und Tür öffnet.

Es gibt heute kaum noch Menschen, die nicht an Nervenschwäche, Rheuma, Verdauungsschwäche, chronischer Unpäßlichkeit und ähnlichem leiden. Man nennt diese Übel zwar klein, aber sie lassen uns dennoch des Lebens nie recht froh werden. Ich selber litt einst an Nervenschwäche, Verdauungsstörungen und Rheuma und hatte daneben auch mit anderen Leiden genug zu kämpfen. So litt ich z.B. jahrelang an einem lokalen Schmerz im Kopf, der oft so heftig wurde, daß der Tod als willkommene Erlösung ersehnt wurde, und nahezu fünfzehn Jahre lang an einem Leiden der Unterleibsorgane, das mich Tag und Nacht nicht zur Ruhe kommen ließ. Beständig Schmerz, beständiges Trachten, eine weniger schmerzhafte Körperlage herauszufinden. Dazu kamen häufige Anfälle von Luftröhrenentzündung, Influenza und anderes. Die besten englischen Ärzte wurden damals erfolglos konsultiert. Ihre Diagnosen wichen voneinander ab, und keiner konnte helfen.

Was hat hier nun das *Richtig-Denken* vollbracht? Folgendes: Die Nervenschwäche ist vollkommen geheilt, die Verdauungsschwäche völlig vorüber, der Rheumatismus überstanden; der Kopfschmerz hat aufgehört, das Unterleibsleiden ist gänzlich geheilt, die Luftröhrenentzündung verschwunden und Erkältungen sind mir jetzt unbekannt. Ich habe seit Jahrzehnten weder Schmerzen noch Beschwerden, arbeite von früh bis spät, oft bis Mitternacht, pflege kaum irgendwelche Körperbewegung — ohne das anderen anraten zu wollen! —, und sechzehn Stunden ist mein Geist täglich auf die Durchführung von Kleinarbeit und auf schöpferisches Wirken konzentriert. Nur die, die wissen, wie ermüdend stundenlange geistige Anstrengung sein kann, vermögen die Bedeutung dieser Tatsache voll zu ermessen. Trotzdem leide ich nie an Ermüdung, sondern fühle mich jetzt seit Jahrzehnten stark und kräftig.

Wer wirklich und restlos gesund werden will, braucht materielle Hilfsmittel erst in zweiter Linie. Das Wichtigste ist die geistige Erneuerung, *die Denk-Umstellung, die Hilfe von innen her.* Wo diese fehlt, wo es am inneren Heilwillen mangelt, bleibt alles Mühen von außen her vergeblich. Der Mensch ist seinem Wesen nach geistiger Natur. Der eigentliche Mensch ist unsichtbar, der Körper ist nur seine äußere, sichtbare Offenbarung, aber nicht sein Wesentlichstes. Darum kommt alle wahre Hilfe und Heilung nicht von außen, sondern von innen, *aus dem Geiste,* der sich diesen Körper schuf und ihn täglich leitet. Und der Weg zu dieser Gesundung geht über unser *Denken.* Bejahen wir unsere innere Kraft und unsere Gesundung, dann wird uns vom Göttlichen in uns auch die Heilung.

Wer *ganz* mit dem Göttlichen eins ist, kann nicht mehr krank sein.

GEISTIGES HEILEN

Ein Prüfstein jeder Religion und jedes Systems ist der: *Werden die Kranken dadurch gesund?* Bleibt die Antwort auf diese Fragen aus, ist die Lehre tot und nutzlos.

Jede wahre Religion und jedes auf *Neugeist* gegründete System kann die Kranken geistig heilen — ein Beweis dafür, daß Neugeist die Wahrheit enthält, die den Menschen frei macht.

Um Kranke zu heilen, um selbst gesund zu sein, braucht man kein Gesundbeter zu werden; man kann bleiben, was man ist: Katholik, Protestant, Adventist, Methodist, Quäker oder Buddhist. Was nötig ist, ist, daß man lernt, über das Vergängliche hinauszublicken und das Auge auf die *Vollkommenheit des Unendlichen* zu richten, um durch innere gläubigvertrauende *Hingabe* an diese Vollkommenheit das Unsichtbare — nämlich den Zustand der Gesundheit — ins Sichtbare umzusetzen.

Alles existiert in absoluter Vollkommenheit *hier* und jetzt. Seine Erlangung und Verwirklichung in der Welt der Erscheinungen ist lediglich eine Sache der richtigen Einstellung und Bejahung. Wenn wir Vollkommenheit, Gesundheit oder Kraft innerlich bejahen und verwirklichen, werden wir finden, daß sie sich in Kürze auch äußerlich offenbaren.

Als Christus die Kranken heilte, richtete er in erhabener Schau den Blick auf die ewige Vollkommenheit hinter der scheinbaren äußeren Unvollkommenheit, und er brachte diese innere Vollkommenheit durch Bejahung zur sichtbaren Offenbarung. Das Gesetz, das Christus zur Anwendung brachte, gilt und wirkt auch heute noch.

Neugeist behandelt die Gesetze *der geistigen Heilung* sehr ausführlich.*) Er zeigt uns, daß die Kraft, die heilt, die gleiche ist, die wir nutzen, um unser Leben umzugestalten, und daß und wie jeder sich durch Anwendung dieser Innenkraft selbst heilen kann. Mit der Zeit ist es möglich, regelrecht in eine Art Gesundheits-Bewußtsein hineinzuwachsen.

Im Grunde bedarf es hier keiner besonderen Behandlung; es genügt, daß wir uns ganz dem helfenden und heilenden Einfluß Gottes in uns hingeben und völlig in Harmonie kommen mit den Kräften des Alls, indem wir in der Stille unser Bewußtsein dem Einströmen des göttlichen Willens und der göttlichen Kraft öffnen, die alle Krankheit in Gesundheit, alles Leid in Freude verwandelt und uns zu neuen Menschen macht. Wenn wir unsere Gedanken beständig auf den Gott in uns als unseren inneren Helfer und Heiler richten, erfüllen wir Seele und Leib allmählich mit seiner Kraft, und aller Schmerz und alle Krankheit weicht.

Je häufiger wir uns in dieser Weise nach innen wenden, desto mächtiger entfaltet und offenbart sich in Seele, Leib und Leben die innere Kraft. Alle Disharmonie, alles Kranksein, alle Schuld und alles Leid löst sich mählich auf.

---

*) Näheres darüber enthält die Schrift von K. O. Schmidt: *„Der geistige Arzt in uns*. Durch neugeistige Psychotherapie zur Gesundheit. Eine Anleitung zur seelischen Selbstheilung". Siehe auch das Hauptwerk: *„In Dir ist das Licht!"* (Drei-Eichen-Verlag).

HÖHERER BEISTAND

Sobald ein Mensch den Anschluß an die innere Kraft erlangt hat, vermag er alles Böse, allen Mangel von sich fern zu halten. Er hat sich dann auf eine höhere Ebene hinaufgeschwungen, während Mangel und Elend der niederen Ebene angehören, also keinen Einfluß mehr auf ihn auszuüben vermögen.

Die Hilfe der inneren Kraft, der Beistand des „Inneren Helfers" steht uns jederzeit zur Verfügung; wir müssen sie nur bejahen. Wer die Wahrheit erkannt hat und dem *Gesetz der Harmonie und Liebe* gemäß lebt, bleibt von Armut und von der Furcht davor ebenso frei wie von Krankheit und anderem Leid. Wer durch die Wahrheit frei wird, ist *wirklich frei*.

Um dem Gesetz der Liebe entsprechend zu leben und des höheren Beistands teilhaftig zu werden, müssen wir das Wesen der Liebe erkennen und *Liebe üben*. Je größer unsere Liebe, desto größer die Hilfe, die uns von innen und oben her zuströmt.

Die Liebe ist die große Macht, die alles lenkt. Folgen wir ihrem Gesetz, dann verwandelt sich alles Niedere in unserem Leben in Licht und Kraft. Soweit wir ihr Gesetz verletzen, soweit leiden wir. Liebe baut auf, erhält, ist ewig, alles andere ist vergänglich und leidvoll. Wo Liebe fehlt, da fehlt alles, was das Leben groß, glücklich und lebenswert macht.

Um in all unserem Denken und Tun — zu unserem wie aller Mitgeschöpfe Heil und Segen — dem Gesetz der Liebe folgen zu können, müssen wir die folgenden sechs Wahrheiten erkennen:

Erstens ist die Liebe der *große Ausgleicher:* Alle Schwierigkeiten und Nöte unseres Lebens finden in ihr ihre Auflösung. Ärger, Verstimmungen und Mißverständnisse verschwinden vor ihr wie Nebel vor der Sonne. Sie entwaffnet allen Haß, macht alle Feindseligkeiten zunichte, überwindet alles Leid und löst alle hemmenden Bindungen. Sie beseitigt alle Disharmonie und stellt überall die *Einheit* wieder her. Sie heißt uns *geben, uns selbst* mit unseren Gaben hinzugeben. Sie macht uns reicher um das, was wir lieben.

Zweitens ist die Liebe der große *Heiler und Heilbringer:* Ich kennne keine bessere Methode der Selbstheilung, als daß man sich eine Zeitlang allabendlich in die Stille zurückzieht, im Geiste jedem seiner Feinde und all denen, die man bisher haßte oder verachtete, vergibt und ihnen allen Gedanken der Freundschaft und Liebe zusendet. Je heißer unsere Liebe zu allen Wesen neben, über und unter uns, desto näher kommen wir der Verwirklichung völliger Gesundheit.

Drittens ist die Liebe unser *Befreier* von allen Sorgen und Nöten. Sie zeigt uns den Weg zur Selbstbefreiung, sie erhellt unsere oft dunkle und unwegsam scheinende Lebensbahn. Sie lehrt uns, in allem der guten inneren Führung zu folgen, die uns sicherer leitet als aller Rat aller Weisen der Welt.

Viertens ist die Liebe ein *Erfolgbringer:* Sie hilft Kräfte und Wesen herbeiziehen, die uns auf unserem Wege fördern und uns der Erfüllung unserer Wünsche näherführen. Sie zieht den Erfolg und die Fülle herbei; denn was ist sie anderes als das Bewußtsein der All-Fülle und All-Verbundenheit. Sie ist ein Magnet des Glücks; sie ruft alles herbei, was unser Glück mehrt und sichert.

Fünftens hilft die Liebe eine *glückliche Zukunft* bauen: Der Mensch erntet, was er sät. Sät er heute Liebe, wird er einst Liebe ernten. Wie Haß gleich einem Bumerang auf den Hassenden zurückfällt und ihn verwundet und schädigt, so kehren die Auswirkungen der *Liebe* segenbringend zum Liebenden zurück und machen ihn glücklicher und reicher.

Sechstens führt die Liebe zur *Charakterveredelung:* In allem der Stimme der Liebe zu folgen, ist nicht immer leicht. Es gilt Schwierigkeiten zu überwinden, und oft heißt es, sich selbst zu besiegen. Wer aber nicht nachläßt, dem Gebot der Liebe zu folgen, der beseitigt allmählich alle dunklen Flekken seiner Seele und wird mehr und mehr ein leuchtendes Gefäß und ein würdiger Tempel des göttlichen Geistes, der in ihm wohnt.

DAS HIMMELREICH IST IN UNS

Ein Ungeduldiger wird hier vielleicht zwischenrufen: „Was ich brauche, um aus meiner jetzigen Lage herauszukommen, ist nicht Liebe und nicht das Himmelreich, sondern *Geld*, sonst nichts!"

Ich möchte dagegen fragen: Woher weißt Du, daß Du gerade *Geld* haben mußt und nicht etwas ganz anderes? Was nützt Dir Geld ohne Seelenfrieden oder ohne Glück? Wer nach dem Niedersten strebt, verliert das Höhere und damit alles, auch Geld und Glück; wer aber das *Höhere* erlangt, erlangt *zugleich alles übrige.*

Wir vergessen alle gar zu leicht, daß wir in einer *geistigen Welt* leben und daß wahres Glück und Erfolg uns nur so weit werden, als wir in Harmonie mit den Gesetzen dieser Welt leben. Wir leben im Himmel so weit, als wir den Harmoniegesetzen gemäß denken und leben. Schon *hier und jetzt* sollen und können wir des Himmelreichs Eigner und damit glückliche und erfolgreiche Menschen sein.

Das Himmelreich ist *in uns*. Es ist der große Schatz, von dem Christus in seinen Gleichnissen spricht. Wenn wir diesen verborgenen Schatz in uns finden, wird unser ganzes Leben licht, groß und erfolgreich. Daß die meisten Menschen nicht glücklich sind, liegt daran, daß sie nicht zuerst nach diesem inneren Schatz suchen, sondern nach allen möglichen Dingen der Außenwelt, die sie doch nicht erlangen, weil ihnen das Beste und Wichtigste, der *Schlüssel zu allem*, fehlt.

Was verstehen wir unter dem Himmelreich? Zweierlei:

Erstens verstehen wir darunter einen *Bewußtseinszustand absoluter Harmonie und Gott-Einheit.* Himmel und Hölle sind Bewußtseinszustände. Zwei Menschen können unter den *gleichen* äußeren Verhältnissen leben und dabei können diese für den einen den Himmel, für den anderen die Hölle bedeuten.

Zweitens verstehen wir darunter die *Welt der göttlichen Ideen,* von der der vorgenannte hohe Bewußtseinszustand eine Widerspiegelung ist. Diese Welt ist nicht fern von uns und steht uns nicht erst nach dem Tode offen; sie ist *in uns und um uns,* wir müssen nur in Stille und Schweigen, Gebet und Meditation mit dieser Welt in lebendige Verbindung kommen und durch Richtig-Denken und Richtig-Leben ihre Kräfte durch uns zur Offenbarung bringen.

Je häufiger wir uns *einwärts,* himmelwärts, gottwärts wenden, desto weiter öffnen wir uns dem Einstrom der schöpferischen Allkraft, desto stärker, größer und reicher werden wir — innen und außen. Das praktische Ergebnis eines solchen Denkens und Tuns ist über alle Maßen begeisternd: mehr und mehr gleicht sich unsere Eigen-Schwingung der des Unendlichen an; mehr und mehr werden wir unerreichbar für alles Niedere, für alles, was der Sinnenwelt zugehört; mehr und mehr wird unser Leben ein Leben der Kraft und Freude, der Gesundheit, Harmonie und Fülle.

Wer wissen will, *wie* man den Himmel schon *hier und jetzt* in seinem Leben verwirklicht, der lese und befolge die *Bergpredigt* Christi,*) die uns alles sagt, was wir wissen müssen, um neue Menschen zu werden und den Himmel auf die Erde herabzutragen. Die Bergpredigt ist der beste Lehrgang praktischer Psychologie und praktischen Idealismus', den es gibt; sie lehrt uns, wie wir unser Denken, Fühlen und Wollen erneuern und das unedle Metall des Alltagslebens im Feuer der Liebe Gottes in uns in das reine Gold positiver und all-einheitsbewußter Lebensführung umwandeln.

Daß die heutige Christenheit so weit davon entfernt ist,

---

*) Siehe *„Die Religion der Bergpredigt"* von K. O. Schmidt (Drei-Eichen-Verlag).

das von Christus gelehrte Leben der Kraft, Freude und Fülle zu führen, rührt daher, daß sie Christi Lehre bisher nur im Munde führte, aber noch kaum daran gedacht hat, sie in *Tat* umzusetzen. Würde die Christenheit die Lehre Christi zu *leben* beginnen, wie Neugeist dies zeigt, es würde bald anders aussehen auf der Erde. Richtig befolgt, führt die Lehre Christi zur inneren und äußeren Wiedergeburt.

Wir sahen bereits, wie aus den Tiefen unseres Bewußtseins die genialen Gedanken kamen, die großen helfenden Ideen. Durch bewußte Erweckung der inneren Kräfte in Stille, Schweigen und Meditation ist es nun möglich, der *inneren Führung* immer bewußter teilhaftig zu werden. Wir folgen dann immer sicherer den Inspirationen von innen her, der *inneren Stimme,* der geistigen Führung, und sind immer auf dem kürzesten Weg zum Erfolg!

Um dieser inneren Führung folgen zu können, gehen wir in die Stille, um mit der unendlichen Weisheit in Berührung zu kommen, den Willen Gottes in uns zu erkennen, den Pfad der Weisheit zu erschauen und den Weg, der zur Vollkommenheit führt, zu beschreiten. Der Pfad, auf den die innere Führung uns hinweist, ist der Pfad des Glücks und wahrer Befriedigung, auf dem wir immer erneut dankbar bejahen:

„Du, mein innerer Helfer, bist die unendliche Weisheit,
die mich jeden Schritt meines Weges führt!"

Im Laufe der Zeit entwickeln wir ein immer feineres Empfinden für das, was zu tun und zu lassen ist. Manche vernehmen die innere Stimme als solche, in anderen blitzen Worte und Sätze unmittelbar im Bewußtsein auf, wieder anderen enthüllt sich intuitiv der Wille des Innengottes, oder sie sehen sich durch höchst eigentümliche Fügungen von innen her geleitet. In jedem Falle lassen sie sich, ohne dabei selber passiv zu sein, durch die innere Führung lenken und folgen willig dem innerlich vorgezeichneten Weg zum Frieden, zur Glückseligkeit, zur Freiheit und zu wahrem, innerem und äußerem Erfolg.

IN ALLEM MEISTER SEIN!

In allem müssen wir Meister sein. Wir müssen allen Menschen, allen Verhältnissen gegenüber stets positiv sein und bleiben. Nur in einer Richtung dürfen wir passiv sein, nämlich dem Göttlichen gegenüber. Aber auch in diesem Fall muß das „Ich-Bin" in uns sich seiner selbst stets voll bewußt sein. Glaube nicht, daß Du in einen Zustand der Bewußtlosigkeit eingehen mußt, um Gott in Dir und durch Dich wirken zu lassen!

Nein, Du selbst bist ja ein Zentrum göttlichen Lebens und göttlicher Kraft und hast Deine Ichheit aufrecht zu erhalten.

Erkenne, daß Dein *wahres Ich,* der göttliche Funke in Dir, das Steuer in der Hand behalten muß; Du mußt immer der Lenker Deines eigenen Schiffes sein. Dein wirkliches Ich oder „Ich-Bin" steht an der Spitze eines wunderbar geordneten Organismus oder Staates. Alle Arten von Gedankengeistern gibt es, die in den Tiefen Deines Innern hausen. Sie sind zweifellos nützliche Diener, aber sehr schlechte Herren! Darum mußt Du sie in der Gewalt haben.

Wenn wir uns einer Leidenschaft oder Laune hingeben, wird unser innerer Organismus unausgeglichen, einer der unerwünschten negativen Geister oder Kräfte unserer Persönlichkeit steigt an die Oberfläche und übernimmt die Herrschaft. Tritt dies ein, dann erscheint der Mensch wie verändert, sein eigentliches Wesen wird nahezu unerkennbar; wir haben dann ein Beispiel dafür, was eintritt, wenn unser *wahres Ich* seine Herrschaft über die inneren Kräfte unseres Wesens aufgibt.

Der vom Neuen Geist erfüllte Kraftdenker ist stets *positiv-aktiv.* Er strebt danach, den göttlichen Funken im Zentrum seines Wesens nicht zu ersticken, sondern ihn zu einer lebendigen, hellauflodernden Flamme anzufachen. Gleichzeitig pflegt er wahre Hingabe an das Göttliche und trachtet, alle niedere Ichsucht zu vernichten. Er weiß, daß es mitten in den

Unruhen und Stürmen des Lebens möglich ist, ein ruhiges Herz und eine Gelassenheit und Ausgeglichenheit des Gemüts zu behalten, die vom äußeren Getriebe und Getümmel nicht berührt wird.

Wie ist das möglich?

Es gibt ein Reich lautloser Stille und unsagbar süßen Friedens, in das wir uns jederzeit aus allem Hasten und fiebernden Treiben der Außenwelt emporheben können. Dies Reich des Friedens ist *in uns:* ein inneres Heiligtum, dessen Ruhe und Stille uns erfüllt, wenn wir uns, restlos entspannt, nach innen wenden, stille werden und uns der Lautlosigkeit des inneren Tempels ganz hingeben.

In dieser Stille erfahren wir, wenn unsere Reifezeit da ist, auch das Geheimnis der *Gegenwart Gottes.* Wie wenige wissen heute um dies Geheimnis. Wie wenige kennen den Weg, der zu der inneren Insel des Schweigens und des Friedens führt. Und dennoch kann *jeder* den Weg nach innen gehen, wenn er nur lernen wollte, *sein Denken zu schulen.*

Das göttliche Zentrum unseres Wesens ist die eigentliche Quelle aller Inspirationen und großen Gedanken. Alle Eingebungen kommen aus diesen letzten Tiefen unserer Seele; nicht nur die Intuitionen der großen Dichter und Denker, sondern auch die der Erfinder und der genialen Erfolgsmenschen.

Die meisten Menschen leben nur ein *Oberflächendasein,* das auf die äußeren fünf Sinne und den Verstand zugeschnitten ist. Diesen Menschen werden selten höhere Eingebungen zuteil, während der geniale Mensch ständig aus der Tiefe seines Wesens schöpft. Eine einzige Inspiration seines „Inneren Helfers" genügt oft, um eine völlige Umwälzung nicht nur in seinen eigenen Verhältnissen hervorzurufen, sondern auch in denen der Umwelt. Wie durch plötzliche Erleuchtung erkennt ein solcher Mensch, wie man etwas besser durchführen kann, als das bisher geschah, oder wie man eine bisher unüberwindlich scheinende Schwierigkeit genial besiegt.

Dadurch, daß wir uns täglich in der Stille bewußt mit der göttlichen Urkraft verbinden, bringen wir nicht nur diese Kraft in unserem Leben zu segensreicher Auswirkung, sondern *wir festigen dadurch zugleich unseren Charakter.* Schwache Stellen werden gekräftigt und harmonisiert. Fehlt uns z. B. *Ausdauer,* so wird die Folge steter Denkerziehung sein, daß unsere Ausdauer wächst. Oder fehlt uns *Mut,* so wird die stete Besinnung auf die Kraft und Hilfe Gottes in uns unseren Mut wecken und uns dazu bringen, daß wir uns lächelnd über alles erheben, was uns heute vielleicht noch schreckt.

Endlich führt der rechte Gebrauch unserer Innenkraft auch zur *Stärkung unseres Willens.* Die Gewohnheit ständigen Kraftdenkens erweckt in uns nicht nur immer mehr Lebensfreude und Sieggewißheit, sondern auch gesteigerte Zielstrebigkeit und Willenskraft. Selbst ein Mensch mit völlig haltlosem Willen wird durch ständiges Kraftdenken und tägliche Bejahung seiner Einheit mit dem Unendlichen allmählich ein willensstarker Mensch. *Sein Wille kommt in Kontakt mit dem Willen des Alls* und wird immer besser befähigt, in allen Stürmen des Lebens zäh auszuhalten, Schwierigkeiten zu überwinden und von der einmal als richtig erkannten Bahn nicht mehr abzuweichen.

DIE VERBORGENE KRAFT IM MENSCHEN

Daß die meisten Menschen so arm an Inspirationen und Erfolgen sind, so unzufrieden und unglücklich, so krank und mutlos, hat seinen Grund darin, daß sie ihre Hoffnung ganz auf ihre schwachen Verstandes- und Körper-Kräfte und auf *äußere* Hilfe setzen, statt auf die *gewaltigen Kräfte in den Tiefen ihrer eigenen Seele.*

Der Mensch hat in seinem Innern eine Kraft, durch die er

alles verwirklichen kann, was er wünscht, durch deren Mithilfe er sich zu einem vollkommeneren Leben erheben, zur Selbstbemeisterung gelangen und sein Schicksal selbst bestimmen kann. In Wirklichkeit braucht niemand arm oder unglücklich, krank oder elend oder verzweifelt zu sein; denn *jeder* hat diese *unbegrenzte Kraft in sich,* durch die er alle Schwierigkeiten und Leiden überwinden und ein strahlend glücklicher, gesunder und vollkommener Mensch werden kann!

Diese Kraft, die tief im Menschen schlummert, ist *unendlich.* In den letzten göttlichen Tiefen seiner Seele ist der Mensch ein Teil der großen All-Seele oder Gottheit, ist er in ununterbrochener Verbindung mit den Kräfteströmen des Alls. In dem Maße, als er sich dieser Verbindung *bewußt* wird, kann er unbegrenzte Energien zur Erlangung von Gesundheit, Glück und Erfolg herbeirufen — wenn er nur will.

Diese Kraft — die Kraft Gottes im Menschen — ist unbegrenzt, unausschöpfbar und unermeßlich. Sie ist in allen vorhanden und wartet in jedem von uns geduldig auf ihre Entfaltung und Offenbarung. Diese Innenkraft zu erwecken und in unseren Dienst zu stellen heißt, aus einem Leben der Kraft- und Erfolglosigkeit zu einem Leben der Kraft und des Erfolgs zu gelangen, zu einem Leben fortschreitender Wunschverwirklichung und unaussprechlicher Freude. Wenn wir Vertrauen haben und diese Innenkraft zur Entfaltung und Anwendung bringen, erkennen wir bald, daß sogar bisher unmöglich Scheinendes Wirklichkeit wird. Der hoffnungsloseste Zustand selbst jahrelangen Siechtums kann in strahlende Gesundheit verwandelt werden; der Ärmste kann sich zu Vermögen und Erfolg emporringen; der größte Pechvogel kann ein Sonnenkind und Glückspilz werden!

Ein Lebensphilosoph, O. S. *Marden,* lehrt mit Recht: „*Wer denkt,* er kann, *der kann!*" Das ist wahr, denn was ein Mensch zu sein glaubt, das wird er und ist er. Daher rührt es, daß die, die an sich, ihre Kraft und ihre Unbesiegbarkeit *glauben,* auch wirklich unüberwindlich *sind,* Dinge vollbringen, die Anderen undurchführbar scheinen, und in allem Erfolg haben. *Noch größere Erfolge* erwarten den, der lernt, diese schlummernde Innenkraft bewußt und in rechter Weise in seinen Dienst zu stellen. Mit der *Kenntnis der Gesetze* dieser Innenkraft ausgerüstet, kann er sich zu Höhen erheben, die dem Alltagsmenschen unvorstellbar sind. Es gibt dann kein Ziel, das er nicht erreichen, keine Freude, die er nicht genießen, kein Glück, das nicht sein Eigen sein könnte!

Der rechte Gebrauch dieser Innenkraft kann von jedem erlernt werden. Jeder kann mit ihrer Hilfe zu Erfolg im Leben, zur Gesundheit des Leibes und der Seele und zu innerem und äußerem Wachstum gelangen. Neugeist lehrt ihn, allen Widrigkeiten und Hindernissen zum Trotz selbst unter den ungünstigsten äußeren Umständen seine Ideale aus der Welt der Ursachen in die Sinnenwelt-Wirklichkeit zu überführen.

SCHULUNG DES UNTER-BEWUSSTSEINS

Auch die Meisterung des Unterbewußtseins ist eine natürliche Folge rechten Denkens. Heute erkennt die wissenschaftliche Forschung immer mehr die von Neugeist seit siebzig Jahren behaupteten und praktisch aufgezeigten Kräfte und Möglichkeiten, die im Unterbewußtsein schlummern. Zahllose große Männer, Dichter, Erfinder, erfolgreiche Staats- und Wirtschaftsführer verdanken einen Großteil ihrer Erfolge dem *Wirkenlassen ihrer unterbewußten Kräfte.*

Das Unterbewußtsein kann bei *jedem* Menschen so geschult werden, daß es einen großen Teil seiner Denkarbeit verrichtet. Jeder, der diese Tatsache beachtet und richtig nutzt, kann seine Kräfte und Fähigkeiten in ungeahntem Maße fördern und dazu neue in sich entfalten. Im Unterbewußtsein schlummern außerordentliche Möglichkeiten und übersinnliche Fähigkeiten; es kommt nur darauf an, sie an die Oberfläche zu bringen, zu schulen und richtig anzuwenden.

Nun versuchen viele, die die Brauchbarkeit der unterbewußten Kräfte erkannt haben, diese Energien dadurch zu entfesseln, daß sie sozusagen *negative Praktiken* anwenden, indem sie sich auf die eine oder andere Art *passiv* machen. Das führt dahin, daß sie schließlich von den Strebungen und Strömungen des Unterbewußtseins beherrscht werden, statt diese zu beherrschen. Solche Übungen können nicht nachdrücklich genug abgelehnt werden; denn sie führen zur *Medialität,* manchmal zur Besessenheit und immer zum *Zusammenbruch.*

Nein, das Unterbewußtsein muß dauernd kontrolliert, überwacht und *beherrscht* werden, gerade weil es dazu neigt, sich unserer Führung und Leitung zu entziehen, sich sozusagen selbständig zu machen und uns seinen Willen aufzudrücken. Gleich dem Feuer ist das Unterbewußtsein ein guter Diener, aber ein gefährlicher Meister.

Zur „Zähmung der Widerspenstigen" brauchen wir nun eine praktisch bewährte Anleitung. Eine solche gibt uns Neugeist. Neugeist zeigt, wie wir die in unserem Unterbewußtsein schlummernden Kräfte in immer höherem Maße entfalten, indem wir in Stille, Schweigen, Konzentration, Traumexerzitien und Meditation mit unserem Unterbewußtsein in sympathischen Konnex kommen, einen Teil desselben ins Oberbewußtsein hinaufheben und die freigewordenen Kräfte dazu benutzen, unsere Lebensprobleme zu lösen.

So sehr sich das Unterbewußtsein anfänglich gegen diese ihm lästige Herrschaft sträubt, so werden doch infolge stetigen Richtig-Denkens und beharrlichen Strebens nach Besserem aus unseren Kraftgedanken allmählich *Neigungen,* dann unterbewußte *Gewohnheiten* und schließlich *Charakteranlagen,* was bedeutet, daß das Unterbewußtsein in diesem Stadium unseren Leitgedanken automatisch folgt. Was wir zuerst zäh und beharrlich wieder und wieder *bewußt* denken und tun, lernt unser Unterbewußtsein allmählich *ohne* unser bewußtes Darandenken und Dazutun von sich aus für uns zu vollbringen.

Wenn in solcher Weise gezügelt und geschult, kann das Unterbewußtsein dazu gebracht werden, daß es einen großen Teil unserer geistigen Arbeit für uns verrichtet. Völlig unserem Willen unterworfen, ist es der beste Freund. Seiner Hilfsmittel sind so viele und seine Kraft ist so groß, daß wir ihm nie zuviel Arbeit aufladen können.

Mit der Meisterung des Unterbewußtseins hängt aufs engste die Erweckung der *Intuition* oder der *Inneren Stimme* zusammen. Wer genügend feinnervig ist oder gelernt hat, in die Stille zu gehen, der vermag die feine innere Stimme zu vernehmen und wird in ihr einen niemals irrenden Führer durch die Wirrsale des Lebens finden. *Diese „Innere Stimme" hat nichts mit dem Unterbewußtsein zu tun,* sie gehört einer höheren Ebene an, nämlich dem *Überbewußtsein* und ist eine Äußerung des göttlichen Teils unseres Wesens.

Den meisten Menschen ist die Existenz dieses Überbewußtseins, aus dem alle Inspirationen und Intuitionen kommen, noch unbekannt. Dennoch ist es da, und immer größer wird die Zahl derer, die sein Dasein erkennen und sich nach der inneren Stimme zu richten beginnen.

BEMEISTERUNG DES SCHICKSALS

Wenn uns ein Unglück trifft und die Früchte jahrelanger Arbeit uns mit einem Schlage entrissen werden, beginnen wir gewöhnlich mit dem Mut der Verzweiflung und mit all unseren Kräften gegen das, was wir „Schicksal" nennen, *anzukämpfen.* Aber ebenso gut könnten wir den Lauf eines Stromes mit der Hand aufzuhalten oder eine abgeschossene Kugel zurückzuholen suchen. Auf diese ganz falsche Art und Weise läßt sich das Schicksal nicht bestimmen.

Manche klagen *Gott* an und jammern: „Warum hat Gott mein Gebet nicht erhört? Gleich, als das Unglück eintrat, habe ich doch zu ihm gebetet und bete immer noch, daß er es wende! Aber vergeblich!"

In Wirklichkeit liegt der Fehler nicht bei Gott, sondern *bei uns*. Gott wirkt durch das *Gesetz des harmonischen Ausgleiches,* das vollkommen gerecht und unparteiisch arbeitet.

Nach diesem Gesetz ist alles, was uns trifft, Auswirkung von Ursachen, die wir einst selbst durch unser Denken und Tun gelegt haben. Zu versuchen, solche *Auswirkungen* von Ursachen, die jahrelang ihrem Ausgleich entgegenstrebten, abzuwenden, ist ein ziemlich nutzloses Unterfangen. Eine wirkliche Abwendung und Überwindung ist niemals von außen her, sondern allein *von innen her* möglich.

Die meisten Menschen sind *Erleider* ihres Schicksals, *Opfer* der Verhältnisse, weil sie sich heute diesen Weg und morgen jenen treiben lassen. Sie fallen und bleiben liegen, bis der nächste Windstoß sie wieder aufrichtet, weil sie nicht gelernt haben, *sich selbst zu bestimmen, ihre Gedanken zu beherrschen und damit auch ihr Schicksal zu bestimmen.*

Durch sein Denken hat der Mensch Macht über das Leben und sein Schicksal. Der Gedanke ist die stärkste Macht der Welt; denn alles, was ist, ist ein Produkt des Geistes, des Denkens. Durch unser Denken bereiten wir uns Glück und Unglück, Gesundheit oder Krankheit, Harmonie oder Leid, Himmel oder Hölle. Es gibt ein unsichtbares *Reich der Ursachen,* eine geistige Welt, in der die Dinge gestaltet werden, ehe sie in der Welt der Erscheinungen sichtbar werden. Jahrtausende hindurch haben die Menschen dies nicht gewußt und infolgedessen versucht, das Leben von *außen* her zu beherrschen — natürlich vergeblich. Wenn etwas bereits sichtbar in Erscheinung getreten ist, ist es schwer, es von außen her noch zu ändern. Auch der Verfasser dieses Buches hat Jahrzehnte hindurch von außen her gegen sein „Schicksal" angekämpft und doch damals den Lauf des Schicksals nicht zu ändern vermocht. Bis er eines Tages durch Überlegung und inneres Erkennen die Wahrheit fand, die ihn frei machte:

Er erkannte, daß das, was wir Schicksal nennen, in Wahrheit Auswirkung eines kosmischen Gesetzes ist, und daß es zwar unmöglich ist, diesem Gesetz mit Erfolg zu widerstreben, daß aber andererseits die Möglichkeit besteht, *im Einklang mit diesem Gesetz zu wirken und auf diese Weise das Leben von innen her zu beherrschen.*

Seit dieser Zeit versucht er nicht mehr, das Schicksal zu *bekämpfen* und sich ihm entgegenzustemmen, vielmehr meistert er es jetzt *von innen,* vom Reich der Ursachen her, in dem alle äußeren Dinge und Bedingungen ihren Ursprung haben. Er läßt die schöpferische Kraft wirken gemäß dem Gesetz der Harmonie. Ebenso wie der Elektrotechniker, der die Gesetze der Elektrizität kennt, diese unsichtbare Kraft in den Dienst der Menschen zu stellen vermag, so vermag jeder, der die *Gesetze seines Innern,* des Geistes, kennt, im Einklang mit diesen zu wirken, sie richtig zu gebrauchen und so sein Leben von innen her zu bestimmen. Das Leben eines solchen Menschen kann niemals ein Fehlschlag sein. Er stellt sich bewußt in den Kraftstrom des Alls und wird dadurch zum überlegenen Beherrscher seines Lebens und seiner Verhältnisse.

Eben dies ist es, was man *neugeistige Denk- und Lebensweise nennt.* Wer sie erlernen und anwenden will, muß sein Leben von der geistigen Seite aus kontrollieren, um zu vermeiden, daß Disharmonie, Krankheit und Leid im äußeren Leben in Erscheinung tritt. Er vermag schließlich, in dieser Kunst und Wissenschaft weiter vorangeschritten, alles Üble in seinem Leben von der Wurzel her zu überwinden und Kraft, Gesundheit und Fülle an deren Stelle zu setzen.

Hier wird nun mancher mit einem Einwand kommen und sagen: Unser Leben ist *doch vorausbestimmt,* vorgezeichnet, wie Astrologie, Hellsehen und anderes zeigen. Wie können wir dann darauf Einfluß haben? Andere werden sagen, daß

die Verhältnisse dieses Lebens das Ergebnis früherer Erdenleben sind und daß uns, wenn wir schlechtes Karma verdient
haben, nichts übrig bleibt, als es geduldig abzutragen, um
ein besseres Leben in einer späteren Inkarnation zu verdienen. Wieder andere werden entgegnen, daß alles, was uns
trifft, der Wille Gottes ist; Armut, Krankheit und Leid seien
„Prüfungen Gottes" oder Beweise seiner Gunst, denn „Gott
züchtigt die, die er liebt"; wir müßten das Elend darum willkommen heißen.

Alle diese Kritiker haben eine falsche Auffassung vom
Wesen des Schicksals und dessen, was man Karma nennt.
Selbst wenn der Rahmen unseres Lebens durch unser früheres
Tun und Denken gegeben ist — was zu einem Teil zutrifft —,
sollen wir doch dem inneren Trieb nach *Vervollkommnung*
folgen und der Forderung Christi, „vollkommen zu werden,
wie Gott vollkommen ist", zu entsprechen streben. Das bedeutet aber, daß wir das Leben und seine Schwierigkeiten
nicht erdulden, sondern *überwinden* und meistern sollen —
nicht indem wir sie bekämpfen, sondern indem wir ihre Lek-
tionen lernen und unseren Willen dem göttlichen Willen
vereinen.

Tun wir das nicht, haben wir die Folgen zu tragen. Paulus sagt mit Recht, daß wir *das ernten, was wir säten.* Es ist
unbedingt richtig, daß alles, was uns trifft, Auswirkung eigener einstiger Denk- und Handlungsweise ist. Wir alle werden heute noch von Gedanken und Taten aus früheren Zeiten
beeinflußt. Das Gesetz der ausgleichenden Gerechtigkeit arbeitet mit geduldiger Genauigkeit Zeitalter hindurch, und
jedem einzelnen wird vollkommene Gerechtigkeit zuteil. Im
Lichte der Ewigkeit gesehen ist alles, was geschieht, gerecht
und gut.

Ebenso richtig ist, daß wir nur solange Opfer unseres ein-
stigen Denkens und Tuns bleiben, als wir auf der jetzigen
Stufe stehen bleiben. In dem Augenblick, wo wir uns auf
eine höhere Ebene hinaufheben und lernen, alle Dinge und

51

*Bedingungen von innen her zu bestimmen, hören wir auf,
bloßes Objekt zu sein.*

Es ist eine Erfahrungstatsache, daß das Erheben unseres
Bewußtseins in einen höheren Schwingungszustand, das innere Einswerden mit dem Unendlichen in Stille, Schweigen,
Meditation und Kontemplation uns von dem Gesetz der
Sinnenwelt frei macht. Auf diesem Wege kämpfen wir nicht
gegen das Schicksal oder den Willen Gottes an, sondern wir
erfüllen den Willen des Alls und werden *Schicksalsmeister
durch Schicksalsbejahung.*

Je höher wir uns erheben, desto weniger vermögen uns die
Gesetze zu beeinflussen, desto mehr werden wir aus Sklaven
zu *Herren des Karma.* Um die Bedeutung dieser Tatsachen
klar zu verstehen, stelle man sich das Karma oder Schicksal
als die Kugel an einem riesigen Pendel vor, das aus einem
hoch oben befindlichen Zentrum herunterschwingt, das wir
die göttliche Einheit nennen. Solange wir an der Sinnenwelt
— der Kugel des Pendels — haften, müssen wir die groben
Schwingungen des Pendels zwischen Ursache und Wirkung
mitmachen. Wenn wir jedoch an dem Pendel nach oben klet-
tern, dann wird der Schwingungsbogen, den wir mitmachen,
immer kleiner, bis er schließlich kaum mehr wahrnehmbar
ist. Und wenn wir das Zentrum — den göttlichen Kern unseres Wesens — ganz erreicht haben und innerlich ganz mit
dem Willen des Unendlichen eins sind, hat alle Schwingung
für uns aufgehört.

*Der einzige Weg der Rettung liegt also darin, unserem
göttlichen Mittelpunkt immer näher zu kommen.*

Kann das nun *jeder?* Die Antwort Neugeists lautet: Ja!
Jeder, der entschlossen ist, den Weg nach innen zu gehen,
kann zu dieser „Freiheit der Kinder Gottes" gelangen. *Denn
nur in seinem unerwachten und unerleuchteten Zustand ist
der Mensch auf das Rad des Schicksals geflochten.* Er leidet
blindlings, ohne zu wissen, warum. Doch sein Leid läutert
und leitet ihn, weckt ihn und macht ihn reif, den *Weg der*

Selbstbefreiung zu erkennen und zu gehen. Für *jeden* kommt eine Zeit, da er die Freiheit erkennt, sich aufrafft, ihr entgegenschreitet und dem Leid immer mehr entweicht.

Der Neugeistpraktiker übersieht also das Karma durchaus nicht; er betrachtet den Menschen nicht als unbeschriebenes Blatt, sondern als einen in einer bestimmten Richtung wirkenden Kraftkomplex mit vielen Strebungen und Unterstrebungen, durch die sich eben das auswirkt, was wir Schicksal nennen. Dieses Schicksal ist mit all seinen Leiden und Freuden *selbst* verursacht. Alles, was uns trifft, ist *Ausgleich* und dient im Grunde — da es ja das kosmische *Gesetz der Harmonie* ist, das wir in unserem Leben zum Guten oder Bösen in Tätigkeit gesetzt haben — *unserem Besten*. Es ist notwendig, weil Not wendend. Haben wir die Lehre gelernt und uns umgestellt, hat der Schmerz seine Mission erfüllt und verschwindet.

Lernen wir nun die Gesetze des Lebens *vorher* kennen, dann können wir negative, schmerzvolle Auswirkungen von vornherein *vermeiden* und werden nur Gutes hervorrufen. Dazu leitet Neugeist an. Er zeigt uns, daß das einzige Mittel der Selbsthilfe und Heilung darin besteht, in immer innigere Verbindung mit dem göttlichen Kraftstrom zu kommen, richtig zu denken und richtig zu leben, uns nach innen zu wenden und uns allmählich auf eine höhere Ebene des Seins zu erheben.

Wir werden dann auch nicht mehr den alten Fehler begehen, Schicksal mit *Bestimmung* zu verwechseln. *Die Bestimmung des Menschen ist Vollkommenheit,* und diese wird trotz aller Fehler, Abirrungen und Rückfälle von ihm erreicht werden. Wir können unserer göttlichen Bestimmung also nicht entgehen, wohl aber können wir unsere Entwicklung durch falsches oder richtiges Denken aufhalten oder beschleunigen, die Fülle von uns fernhalten *oder* unsere innere Vollkommenheit in unserem Leben immer sichtbarer verwirklichen. Je lebendiger wir unser Denken und Tun auf

Vollkommenheit einstellen, desto stärker ziehen wir sie herbei. Wer dagegen denkt, daß das Leiden unvermeidlich ist, der wird auch leiden.

Die Meisten leiden unnötig und nutzlos. Sie brauchten nicht zu leiden, sie könnten frei sein. Jeder kann sich aus dem Elend erheben und durch die Befolgung der neugeistigen Lehren Meister seines Lebens werden. *Er muß nur erkennen, daß er frei ist!*

DAS PROBLEM DES BÖSEN

Keine Lehre hat praktischen Wert, die nicht die *Ursache* des Leids, des Übels, des Bösen in befriedigender Weise aufzuweisen und den Weg zu ihrer Überwindung zu zeigen vermag.

Glück, Seelenfriede, Gesundheit, Erfolg und Harmonie sind unmöglich, solange wir uns über das Wesen des Bösen nicht klar sind. Erst wenn wir dies Problem gelöst haben, vermag nichts Niederes uns mehr zu berühren, erst dann werden Glückseligkeit, Freude, Ruhe und Harmonie die allein herrschenden Kräfte in unserem Leben.

Bevor wir das Übel aus unserem Leben ausrotten und es für die Zukunft von uns fern halten können, müssen wir sein *Wesen* erkennen. Aller *Kampf* gegen das Böse, gegen das Übel führt nämlich erfahrungsgemäß nicht zu seiner Vernichtung, sondern zu seiner Stärkung. Wir müssen also einen anderen Weg finden, um es wirklich zu besiegen.

In tausend Gestalten offenbart sich das Böse: als Elend und Unglück, als Krankheit, Armut und Sorge, als Enttäuschung, Mißerfolg und Verzweiflung. Sobald die eine Form des Bösen unterdrückt ist, tritt es anderswo in veränderter Gestalt wieder auf. Das rührt daher, daß sich das Böse, das Negative, niemals von außen her ausrotten läßt, sondern *nur von innen her,* indem man seine Ursachen *im eigenen*

Innern findet und beseitigt. Sobald das geschehen ist, kann unser Inneres in Harmonie mit den Kräften des Alls kommen, und wo das der Fall ist, wird alles Üble und Böse auch aus dem äußeren Leben verschwinden.

Wir sahen bereits, daß es von unserem *Denken* abhängt, was wir aus der kosmischen Kraft machen: Gutes oder Böses. *Da das Böse nur eine negative Äußerung ist, besitzt es keine Macht!* Erst unser *Glaube* an seine vermeintliche Macht hat zur Folge, daß es mit der Kraft unserer Gedanken geladen wird und Macht über uns erlangt.

Hieraus erhellt die Zwecklosigkeit äußerer Bekämpfung des Bösen, von der Seite der Wirkungen her. Denn in Wirklichkeit gibt es kein Böses an sich; es handelt sich nur um die gute und göttliche Lebenskraft, die durch unsere eigene Negativität in Böses umgewandelt wurde.

Alles Böse, alle Übel äußern sich in unserem Leben nur solange, als wir gegen die Gesetze der Harmonie verstoßen, besonders gegen das Gesetz der *Liebe,* solange, als wir nicht richtig denken und richtig leben, solange, als wir die *Schein*macht des Bösen für eine *wirkliche* Macht halten. Das äußere Leben ist eine Widerspiegelung der inneren Einstellung, der inneren Überzeugungen und Glaubensformen. Mancher Aberglaube wirkt viel schicksalbestimmender, als die meisten ahnen, weil eben jeder Gedanke das Bestreben hat, sich im Rahmen des Möglichen in Wirklichkeit zu verwandeln.

Solange wir also das Böse für *Wirklichkeit* halten und an seine Macht glauben, kommt es auch in unserem äußeren Leben zur Auswirkung. Was im Bewußtsein festgehalten wird, tritt gesetzmäßig auch in unserem äußeren Leben in Erscheinung.

Der erste und wichtigste Schritt auf dem Wege zur Freiheit besteht deshalb in der *Ausrottung dieses tiefsitzenden Glaubens an die geistige Realität und Macht des Bösen.*

Dies geschieht dadurch, daß wir in Stille und Schweigen uns auf eine höhere Bewußtseinsebene hinaufschwingen und erkennen, daß es *nur Eine Kraft* gibt, die des *Guten und Göttlichen,* daß unser ganzes Sein und Wesen hinfort von dieser Kraft erfüllt ist, daß wir Kinder des Göttlichen und darum gut sind und den Mächten des Guten im inneren wie im äußeren Leben verbunden.

Je mehr wir das Göttlich-Gute bejahen und dieser Einstellung gemäß handeln, desto restloser beseitigen wir den falschen Gedanken und Glauben an das Böse aus unserem Bewußtsein und Unterbewußtsein. Ist dieser Falschglaube erst einmal aus dem Unterbewußtsein verdrängt, zeigt sich in wunderbarer Weise, wie rasch sich das *ganze Leben zum Guten, zum Göttlichen wendet.* Durch stete Bejahung des Guten ziehen wir es herbei und verwirklichen es um uns wie in uns.

DER WEG ZUM GLÜCK

Jede Seele sucht das Glück. Das Traurige ist nur, daß die allermeisten infolge ihrer Nichterkenntnis das Glück in der *falschen Richtung* suchen. Der Trinker sucht sein Glück im Alkohol, der Geck in schönen Kleidern, der Ehrgeizige in einer gehobenen Stellung oder im Geld. Und doch sind sie alle im Grunde ihres Herzens unbefriedigt und enttäuscht. Warum? Weil sie das Glück außer sich, statt *in sich* gesucht haben.

Das berechtigte Sehnen und Suchen nach dem Glück findet nur dann Erfüllung, wenn das Glück im *Inneren* gesucht wird. Die rechte Richtung ist *einwärts.* Nur wenn wir das Glück *hier* suchen, bringen wir unser Denken und Leben in Einklang mit den göttlichen Kräften, die immer bereit sind, uns soweit zu helfen, als wir uns ihrem Einstrom und Einfluß öffnen.

Dem Außenstehenden erscheint manches als Glück, was in Wirklichkeit weit davon entfernt ist. Er sagt vielleicht: „Sieh mal den Schulze dort drüben an. Er ging mit mir zur Schule; aber während ich jetzt vierhundert Mark im Monat habe, besitzt er mindestens schon eine Million. Der Mann hat *Glück* gehabt!" — Ja, es sieht vielleicht so aus. Aber wenn er in das Herz des Beneideten hineinsehen oder die geheimen Gedanken, die diesen in stillen Stunden beschleichen, lesen könnte, würde er anders urteilen. Reichtum und Glück ist nicht dasselbe; für manche ist das Leben trotz äußeren Wohlstands eine Hölle.

Wirkliches Glück besteht in der Herbeiführung der *Harmonie unseres Denkens und Lebens mit dem Willen des Alls,* in der Erfüllung unserer inneren Bestimmung und damit in der Sinnerfüllung unseres Lebens. Des Menschen Bestimmung ist über alle Maßen herrlich, und dieser Bestimmung können wir um so restloser nachleben, je mehr wir lernen, *richtig* zu denken und *richtig* zu leben.

Wenn der Mensch aufhört, das Glück in äußeren Dingen zu suchen, und sich nach innen wendet, zur Einheit mit den Kräften des unendlichen Geistes des Guten, dann wendet sich all sein Elend in Kraft und Freude. Je mehr er seinen höchsten Idealen nachstrebt, desto lebendiger weckt er seine inneren Kräfte und bringt sie zur Auswirkung. Er ruft dann nicht mehr Mißerfolg und Leid herbei, sondern Harmonie, Gesundheit und Glück.

Ich habe diese Tatsache oft und oft am eigenen Leibe erfahren, und Zehntausende haben es gleich mir erlebt. Und so kann es *jeder* erfahren, der den gleichen Weg geht. Glück hängt nicht von äußeren Umständen ab; es ist ein innerer, geistiger Zustand. Der wahrhaft glückliche Mensch besitzt etwas, was ihm von außen her nicht genommen werden kann; sein Glück hängt von keinen äußeren Bedingungen ab, nicht von seinem Besitz, nicht von anderen Menschen, nicht vom Wetter oder guten Freunden; es *wohnt als unvergängliche Wirklichkeit in seiner Seele.*

Ein solcher Mensch ist ebenso glücklich an einem Regentag wie im Sonnenschein, bei der Arbeit wie beim Vergnügen, im Mißerfolg wie bei seinen großen Erfolgen. Nichts von diesen äußeren Dingen erschüttert ihn, er hat den Zustand inneren Friedens und innerer Freude erlangt, den nur jene erreichen, die sich auf eine höhere Ebene hinaufgeschwungen haben. Für den, der dies höhere Bewußtsein erreicht hat, ist alles, was das Herz des Alltagsmenschen zusammenkrampft oder weitet, unbedeutend, wesenlos. Er hat erkannt, daß alle Dinge, hinter denen die Menschen herjagen, nur den Wert besitzen, den wir ihnen in unserem *Denken* beimessen. Er sieht alle Dinge im Lichte der Ewigkeit, vom Standpunkt seines unendlichen Daseins aus. Er erkennt: Der Mensch ist Geist, er ist ein Teil jenes unendlichen Geistes des Guten, den Christus den „Vater" nannte und von dem er sagte, daß Er in uns ist und daß wir Seine Kinder sind gleichwie Christus.

Der *sichtbare Mensch* und alles, was ihn lockt und erfreut, ist vergänglich und endet mit dem Tode. Aber der wirkliche Mensch, der *geistige Mensch* in uns, ist ewig, ist ein Teil des Allgeistes und wie dieser anfang- und endlos. „Ehe Abraham war, bin ich!" sagt der Christus in uns. Nur was diesen geistigen Menschen in uns glücklich macht, ist wahres Glück.

Viele sind schon zu dem befreienden Bewußtsein erwacht; aber die meisten haben heute noch kaum eine Ahnung von seinem Dasein. Wer aber dazu gelangte, der wird nur noch vom Ewigen berührt, nicht vom Vergänglichen. Er weiß: Der Mensch findet Glück auf keine andere Weise als durch bewußte Harmonie mit dem Unendlichen, mit dem Göttlichen. Gott ist das geistige *Ur-Sein*, aus dem alles Leben seinen Ursprung, sein *Da-Sein* hat. Dieses Ur-Sein lebt im Zentrum jeden Wesens als dessen eigentlicher Kern. Wer mit diesem Kern seines Wesens eins ist, kann von keinem Übel mehr getroffen werden, ihm kann nichts mehr mangeln oder schaden. Er kann nicht mehr unglücklich, unruhig oder ängstlich sein; denn er ist eins mit dem Frieden, der Liebe, Freude und Fülle des Unendlichen; er ist glücklich.

VOM WIRKEN IM UNSICHTBAREN

Unsere Denkgewohnheiten sind es, die unser Leben, unser Wohlergehen, unsere Verhältnisse und unsere Zukunft günstig oder ungünstig gestalten. Es ist deshalb von höchster Wichtigkeit, sich *richtige Denkgewohnheiten* anzueignen. Während das Leben bisher immer wieder unbewußt durch falsches Denken in Mißklang versetzt wurde, ändert sich das bald, sowie einmal richtige Denkgewohnheiten erworben sind, die die Fehler der Vergangenheit allmählich ausgleichen, die Gegenwart umwandeln und für die Zukunft vorbauen.

Alles richtige Denken ist im Grunde ein *schöpferisches Wirken im Unsichtbaren.*

Umgibt uns Disharmonie, dann denken und bejahen wir Harmonie und rufen sie dadurch herbei. Oder erfahren wir Unfreundlichkeit von anderen, so konzentrieren wir unser Denken auf Liebe, Vergebung und Hingabe und wecken dadurch in uns wie in unseren Gegnern die Kräfte des Guten.

Neugeist lehrt, *wie* man „im Unsichtbaren wirkt", das heißt, *geistige Wirkungen ausübt.* Dieses Wirken im Unsichtbaren ist ein Wirken *vom Geistigen her* und besteht darin, daß wir uns vom Sichtbaren, von der sinnlichen Seite des Leids oder Unglücks, das wir überwinden wollen, abwenden und unseren Blick auf das Unsichtbare, das Innere, die unendliche *Vollkommenheit* des Göttlichen in uns und um uns konzentrieren, die allein wirklich ist und durch unsere Bejahung auch äußerlich zur Offenbarung kommt.

Dies Wirken im Unsichtbaren geschieht in Stille, Schweigen, Gebet, Meditation oder Kontemplation. Man kann es ein wissenschaftliches Beten nennen, das nicht Bettelei, sondern Schicksalsbestimmung von innen her ist. In der Stille nehmen wir die richtige geistige Haltung ein und heben unser Bewußtsein auf eine höhere Ebene hinauf, so daß die kosmische Kraft in uns hilft, die innere Vollkommenheit auch äußerlich zu verwirklichen.

Jeder rechte einwärtsgesandte Gedanke ist ein Gebet und bringt je nach seiner Art, Stärke und Richtung entsprechende Früchte im Leben hervor. Es ist einerlei, wie groß die äußeren Schwierigkeiten sind — wenn wir gelernt haben, richtig denkend im Unsichtbaren zu wirken, stehen uns Millionen Helferkräfte zur Verfügung. Wenn wir unsere Gedanken einwärts, gottwärts wenden, strömt die Kraft des Unendlichen in unser Leben ein und wandelt es um gemäß dem Gesetz der Harmonie. Wir werden dann von einer Weisheit geleitet, die unendlich ist, und alles, was uns trifft, dient unserer Förderung.

Wir können solches Wirken im Unsichtbaren *darum* ein wissenschaftliches Beten nennen, weil hier die Anwendung der inneren Kraft genau so nach bestimmten *Gesetzen* vor sich geht, wie beispielsweise die Anwendung der Elektrizität. Je häufiger wir in die Stille gehen und Neugeist praktisch anwenden, desto besser lernen wir die Gesetze des Innern erkennen und *in Übereinstimmung mit ihnen zu wirken.*

Wer diese Gesetze kennt, der macht sich keine Sorge um die Verwirklichung; er weiß: sie wirken. Sie wirken so sicher wie der elektrische Strom, den wir durch eine Drehung des Schalters in Tätigkeit setzen. Wenn wir auf die von Neugeist gelehrte Weise und in voller Erkenntnis der Gesetze des Denkens wirken, gelangen wir genau so zu bestimmten Resultaten. Jedesmal, wenn wir in einer bestimmten Richtung meditieren, wird das jeweilige Übel oder eine kleine Unvollkommenheit aus unserem Leben weggewischt und durch Gutes ersetzt. Die Gewohnheit *regelmäßigen* Kraftdenkens und Meditierens wirkt *energie-aufspeichernd;* je häufiger wir beten oder meditieren, desto stärker werden wir, desto größer ist unser Fortschritt.

Das Beten für andere, einerlei, ob diese nahe oder weit entfernt sind, ist den gleichen Gesetzen unterworfen. Doch wird hier der Grad der Gebetserfüllung in hohem Maße mit bestimmt von der *geistigen Haltung des zu Behandelnden,* dem darum vorher klar gemacht werden muß, wie er sich zu verhalten hat, damit ein harmonischer Seelen-Kontakt geschaffen und gründliche Hilfe und Heilung erreicht wird.

Dieser Weg bewußten Wirkens im Unsichtbaren ist der einzige Weg, auf dem wir zu voller Harmonie mit dem Unendlichen zu gelangen vermögen.Christus forderte von uns, ohne Unterlaß zu beten. Das heißt, daß wir uns immer und überall mit dem Gott in uns verbunden wissen und unser Denken beständig auf unsere Einheit mit dem Unendlichen richten sollen, so daß wir in Wahrheit immer im Licht des Höchsten leben.

Wer ständig in einer Atmosphäre gottzugewandten Denkens lebt, der betet in der Tat ohne Unterlaß, dessen Leben ist eine *ununterbrochene Kontemplation.* Das ist zugleich das einzige Mittel, das wir besitzen, um in diesen Zeiten nervenzerreißender Hetze nicht zu unterliegen, sondern immer von der inneren Kraft getragen zu werden und immer aufwärts zu schreiten.

PRAKTISCHER IDEALISMUS

Der einzige Erfolg im Leben, der uns wirkliche Befriedigung verleiht, besteht in der *Verwirklichung unserer Ideale.* Geben wir unsere Ideale auf, wird unser Leben arm und sinnlos — mag es auch für andere erfolgreich scheinen.

Dem Durchschnittsmenschen erscheint ein solcher Idealismus, das heißt eine derartige bewußte Hinwendung auf höchste Ideale, unpraktisch und nutzlos. Er meint, mit den schönsten Idealen könne man weder Brot backen noch Geld verdienen.

Dennoch irrt er. Unser ganzes Leben ist ein Spiegelbild unserer *innerer Einstellung*, unseres Denkens. Je höhere Ziele wir uns innerlich setzen, je größer also unsere Ideale, desto Größeres werden wir in der Welt der Erscheinungen erreichen. Wer kleinlich denkt, kann nie Großes verwirklichen. Ein Mensch mit Idealen aber denkt niemals kleinlich, sondern weitherzig und großzügig; *darum vollbringt er auch Großes.*

Das hat nichts mit den träumerischen, unpraktischen Phantastereien der sogenannten Weltverbesserer zu tun. Neugeist führt den Menschen gerade von nutzlosen Theorien fort und lehrt ihn *praktische Verwirklichung seiner Ideale.*

Es ist eine tausendfache Erfahrung, daß ein Ideal, das genügend lange im Bewußtsein festgehalten wird, schließlich auch äußerlich zu Wirklichkeit wird. Alle großen Erfolge, alle unsterblichen Taten und Erfindungen sind Ergebnisse eines solchen *Real-Idealismus*. Neugeist lehrt im einzelnen, *wie* wir unser Bewußtsein in rechter Weise mit Idealen und Kraftgedanken zu erfüllen haben, damit sie auch äußerlich zu vollkommener Wirklichkeit werden. Er macht uns zu praktischen Idealisten.

Erst innen — dann außen! so lautet das Gesetz, das wir befolgen müssen. Erst richtig denken, Ziele setzen, geistig bauen, innerlich verwirklichen, was äußerlich offenbar werden soll. Allein durch solchen Idealismus wird wirklicher Erfolg herbeigezogen und gesichert. *Wir ziehen immer das an, was wir vorwiegend denken.* Je höher und reicher unsere Ideale, desto größer und schöner die Verwirklichung, desto vollkommener ändern wir uns selbst, unsere Neigungen, unsere Gewohnheiten, unseren Charakter, unsere geistige Haltung und unser ganzes Leben und Schicksal. Je mehr wir höchsten Idealen nachstreben und unserer inneren Bestimmung folgen, desto gesegneter wird unser Leben sein. Alle Kräfte des Alls eilen herbei, um uns zu fördern; wir werden erfolgreich im eigentlichen und höchsten Sinne.

Das höchste Ideal ist die größtmögliche *Offenbarung unserer innewohnenden göttlichen Vollkommenheit.* In Harmonie mit dem Willen des Alls zu kommen, diesem höchsten Ideal nachzustreben und all unser Denken und Tun zu einem Nächsten- und Gottes-Dienst zu machen — das ist nicht nur der Weg zu wahrem Erfolg, sondern auch zu Freude, Glück und Harmonie. Je restloser wir, richtig denkend, uns unseren Idealen hingeben und je größer dabei unser Vertrauen auf die innere Kraft, desto spürbarer ist unser innerer und äußerer Fortschritt. Wer einwärts, gottwärts gerichtet ist, der denkt und lebt in Harmonie mit dem Göttlichen, mit der Vollkommenheit.

Sind diese Ideale verwirklicht, dann enthüllen sich dem Vorwärtsstrebenden abermals neue und größere Ideale und Offenbarungen, die ihrer Verwirklichung harren. Dieses unaufhörliche Ringen nach immer größerer Vollkommenheit führt uns beständig höher, dem Göttlichen entgegen. Für Menschenmaß und Menschenwissen ist dieser Fortschritt ewig und unendlich.

Für diesen Fortschritt werden wir aber nur dann würdig, und wirkliche Erfolge werden uns nur dann zuteil, wenn wir in all unserem Denken und Tun immer nur höchsten Zielen und Idealen nachstreben.

DAS GESETZ DER FÜLLE

Wer zur Harmonie mit dem Unendlichen gelangt ist, der erkennt, daß wir in einer Welt der Fülle leben, daß alles, was ist, aus dem Geiste ist, dessen Tiefen noch keiner erforscht hat. Wir können das ganze Welt-All durcheilen, wir werden nirgends etwas anderes finden als Harmonie, Fülle, Gesetzmäßigkeit und Vollkommenheit.

Das Gesetz des Lebens ist Fülle. Auf jeden von uns wartet mehr, als er je verbrauchen kann. Die, die ihr Vertrauen auf die Innenkraft, auf das Unsichtbare setzen, werden niemals Mangel leiden, während die, die nur auf äußere Kraft und materielle Hilfsmittel vertrauen, jederzeit in Not geraten können und sich niemals sicher fühlen.

Wenn die, die sich Christen nennen, die Lehre ihres Meisters *befolgen* würden, würden sie den Mangel nicht kennen. Christus kannte keine Sorge und verwarf alle Selbstpeinigung; er lehrte uns, *zuerst* nach dem Reiche Gottes zu trachten, das heißt, aus den geistigen Quellen in uns zu schöpfen, um alle unsere Bedürfnisse zu befriedigen. Der Kern der Botschaft Christi ist der, daß *die Fülle für alle da ist* und daß es nur von uns abhängt, ob und wie weit wir sie in unserem Leben verwirklichen.

Um das zu können, müssen wir richtig denken lernen und Vertrauen gewinnen zum Gott in uns. Je mehr wir das tun, desto mehr Kräfte stellen sich in unseren Dienst, desto glücklicher, unüberwindlicher und erfolgreicher werden wir.

So wie Christus die Gesetze der Natur und des Geistes in wunderbarer Weise meisterte, so sollen auch wir diese Gesetze erkennen und anwenden. Was Christus tat, tat er aus der völligen Harmonie seines Wesens und Wollens mit dem Gesetz des Alls. Zu dem gleichen Leben der Harmonie und Kraft ruft er auch uns auf. Wir alle haben die gleichen unerschöpflichen Innen-Kräfte und die gleiche herrliche Bestimmung. Von uns hängt es ab, was wir aus unserem Leben machen.

Von uns hängt es ab, ob unser Leben ein Leben der Schwäche ist oder der Kraft, des Mangels oder Fülle. Es gibt ein Gesetz der Fülle, — wer richtig denkt und in Harmonie mit dem Willen des Alls lebt, der meistert dies Gesetz und leidet niemals Mangel.

*
*   *

Nachdem wir die Gesetze rechten Denkens und Verhaltens und ihre praktische Anwendung im täglichen Leben betrachtet haben, wenden wir uns nun der *Oberstufe* rechter Erweckung und Anwendung der schicksalbestimmenden Innenkräfte zu, auf der uns auch die Gesetzmäßigkeiten und Lebensregeln, die wir auf der Unterstufe kennen lernten, von der Warte höheren Bewußtseins aus in ihrer Bedeutung für die Selbst- und Daseins-Wandlung von innen her voll aufgehen.

Wir erheben uns gewissermaßen auf eine höhere Daseinsebene, auf der schon der erste Grundsatz des *Lebens aus dem Geiste* — *„Gefährlich leben!"* — unseren bisher gewonnenen Lebensmut und unser Vertrauen zur inneren Kraft in wachsendem Maße auf die Probe stellen und zugleich den Weg ins Freie immer deutlicher sichtbar machen wird.

OBERSTUFE

GEFÄHRLICH LEBEN!

Statt enttäuscht in die Vergangenheit oder ängstlich in die Zukunft zu blicken, laßt uns einmal unsere ganze Aufmerksamkeit auf die *Gegenwart* richten. Denn schließlich ist nur die Gegenwart gewiß.

Gerade weil für uns immer nur das *Heute* wirklich ist, ist es nutzlos, in die Zukunft zu starren — es sei denn als Anreiz und Ermutigung für unser gegenwärtiges Wirken —, wie es andererseits lähmend und schwächend wirkt, wenn wir mit unseren Gedanken in der Vergangenheit weilen — es sei denn, daß wir bewußt nur auf frohe und mutmachende Erfahrungen zurückblicken! Entscheidend ist allein die Gegenwart, die uns hilft, die Vergangenheit zu überwinden und eine lichtere Zukunft vorzubereiten.

Wenn wir die Aufgaben des heutigen Tages erfolgreich meistern und den Ausgang vertrauensvoll Gott überlassen, haben wir für die Zukunft nichts zu befürchten. Denn wir ernten genau das, was wir heute säen. Kann es einen schöneren Anreiz zu rechtem Denken und Leben geben? Bisher hat man allzuviel Gewicht auf die *negative* Seite dieses Satzes gelegt —: „Wer auf das Fleisch säet, der wird von dem Fleisch das Verderben ernten" —; von nun an wollen wir uns über seine *positive* Seite freuen —: daß wir mit Gottes Hilfe richtig denkend und handelnd die *Saat des Geistes* säen und das ewige Leben ernten mit all der Fülle und Vollkommenheit, die es einschließt.

Hier müssen wir uns jedoch gleich am Anfang über eines klar werden:

Die Saat des Geistes säen heißt: *gefährlich leben*. Das Leben aus dem Geiste ist ein Leben voll unerwarteter Wandlungen und Abenteuer. Bergsteigen und Fliegen sind im Vergleich damit harmlos.

Der Bergsteiger oder Pilot setzt manchmal sein Leben ein und kann es verlieren; *wer aber den Berg der geistigen Voll-*

endung erklimmt, muß darauf gefaßt sein, nicht nur einmal, sondern viele Male zu sterben — denn es gibt viele mystische Tode. Von ihm aber gilt Christi Wort: „Wer sein Leben auf dem Wege nach innen verliert, der wird es erhalten, der wird *zum Ewigen Leben heimfinden!* Nur indem man alles wagt, kann man das Höchste gewinnen!

Wenn wir beim Leben aus dem Geiste auf ‚Sicherheit‘ aus sind, ergeht es uns wie im materiellen Leben: je mehr ‚Sicherungen‘, desto sicherer geht man dem entgegen, was man vermeiden wollte: Unglück und Untergang, während der, der bewußt *gefährlich lebt und dem Ewigen vertraut,* über alle Fährnisse hinweggleitet . . .

Das abenteuerlichste und gefährlichste Leben war das Leben Jesu, und er hat uns aufgerufen und es uns ermöglicht, seinem Beispiel zu folgen. Dazu aber brauchen wir den Mut zum Wagnis und zum Abenteuer, den Mut, den sicheren Grund des Alltagslebens zu verlassen und gefährlich zu leben. Wie der Pilot den sicheren Erdboden verlassen muß, so müssen wir uns ins Unbetretene hinauswagen — in der Gewißheit, daß sich unter uns die ewigen Arme ausbreiten.

Wir können nicht alle Flieger oder Gipfelstürmer werden. Die meisten von uns müssen auf der Erde, auf der Ebene bleiben und im Alltag ihre Pflicht erfüllen — — *aber wir können alle Pioniere und Abenteurer im Reich des Geistes sein und gefährlich leben.*

Und wie das?

Wenn wir — mitten im Alltag — von einem bestimmten Tage an unser ganzes Vertrauen statt auf äußere Hilfen und Sicherungen ausschließlich auf *Gott* setzen und *ihm* vertrauen, daß er uns zum Sieg führen wird, dann verwandeln wir den grauen Alltag in ein spannendes Abenteuer.

Wenn wir beispielsweise nur noch einen Taler besitzen und davon, von Gott innerlich gedrängt, zwei Mark für eine edle Sache, ein gutes Werk hingeben, so ist dies Wagnis nicht weniger reizvoll und gefährlich wie das Erklimmen eines noch unbezwungenen Berggipfels. Geben wir gar *alles* hin, so übergeben wir uns damit völlig dem Unbekannten. Es ist ein *Wagnis des Glaubens* — ein Abenteuer, bei dem man (scheinbar) alles verliert, um in Wirklichkeit alles zu gewinnen.

Niemand, der auf Sicherheit aus ist, wird dies Abenteuer je erleben. Er verhindert ja durch seine Sicherungs- und Sorgsucht, daß sein Glaube, sein Vertrauen sich je im Feuer gefährlichen Lebens und Wagens zu bewähren, zu bewahrheiten, zu verwirklichen vermag.

Was ist denn Glaube?

Es ist bedingungsloses Vertrauen auf Gott, es ist der Mut, gefährlich zu leben, auch das Höchste und Schwerste zu wagen, statt sich auf menschliche Weisheit und Geschicklichkeit zu verlassen. Dieser Glaube ist nötig, wenn es gilt, Gutes zu tun und den Ausgang Gott zu überlassen. Es erfordert Vertrauen zum Geist des Lebens. Aber wenn wir glauben, daß das Leben gut ist, und in dieser Gewißheit das Rechte tun, gelangen wir zu größerer Lebensweisheit und Geborgenheit und zu immer festerem Glauben und zur Bereitschaft, immer Größeres zu wagen und das Leben täglich von neuem auf die Probe zu stellen.

Wer Gott und dem Leben vertraut und dementsprechend handelt, der findet Gott, so daß sich sein Glaube in Wissen verwandelt, in Gewißheit seiner Gottgeborgenheit, die mehr ist als alle äußeren Sicherungen. Indem er gläubig lebt, lebt er gefährlich, und indem er gefährlich lebt, stellt er das Leben auf die Probe — und wird zugleich selbst auf die Probe gestellt.

Das Abenteuer des Glaubens gleicht dem Erlernen des Schwimmens: so lange man ängstlich mit einem Bein auf dem sicheren Grund bleibt, so lange man sich nicht gänzlich dem Wasser anvertraut, lernt man nicht schwimmen. Gleichermaßen gilt: solange wir uns nicht völlig dem Leben — *dem Geist des Lebens* — anvertrauen und uns willig von ihm tragen und leiten lassen, werden wir keine erfolgreichen Schwimmer im Meer des Lebens, sondern gehen unter.

Alle Erfahrungen des Lebens wollen uns eben dies lehren. Alles wirkt zusammen, damit wir dies uns von Gott gesetzte Ziel erreichen.

Wenn unser Leben schwer und unerträglich ist, dann nur, weil wir es fürchten, statt es zu lieben und mit ihm zusammenzuarbeiten. Wir möchten sichergehen, statt es einfach zu wagen, uns dem Leben einmal bedingungslos anzuvertrauen. Wir finden nur dann zu Harmonie, Frieden und Fülle, wenn wir den Geist des Lebens zu unserem einzigen Führer machen.

Das ist das Wagnis, das das Leben von uns erwartet, und es ist zugleich der einzige Weg zur Freiheit von Sorge und Not.

Wenn wir alle Brücken hinter uns abgebrochen haben und unser *ganzes Vertrauen* auf Gott setzen, finden wir Frieden und wirkliche Sicherheit. Vorher nicht. Das einzige Leben ohne Furcht und Not ist das der völligen Hingabe an Gott, des absoluten Vertrauens zum Leben. Das meinte Christus mit dem Wort: „Sorget nicht für den anderen Morgen; denn der morgige Tag wird für das Seine sorgen." Wo aber sind die Christen, die wirklich nach dieser Lehre Christi *leben?*

Das Geheimnis des *Erfolgs* besteht darin, daß man nur *eines* zur Zeit tut und dies *ganz.*

Das Geheimnis des *Lebens* besteht darin, daß man nur für die *Gegenwart* lebt und dies *ganz* — also ohne Gedanken an die Zukunft oder die Vergangenheit.

Tun wir das, dann wird Gott, der uns alles gibt, was wir heute brauchen, auch für das sorgen, was wir in Zukunft benötigen. Gewöhnen wir uns also daran, *heute* nach dem Höchsten und Edelsten zu streben und das Beste zu tun, was wir heute tun können, ohne uns um die Zukunft zu sorgen! Säen wir *jetzt* aus dem Geiste und vertrauen wir dem Gesetz von Saat und Ernte, daß wir als Frucht rechten Denkens und Tuns in der Gegenwart zu seiner Zeit die *Fülle* ernten werden! Handeln wir so, dann ist Gott mit uns — und wer und was vermag uns zu widerstehen, wenn Gott mit uns ist!

Sich von *innen* her leiten zu lassen, willig der Führung des Geistes des Lebens zu folgen — das ist das größte Wagnis, das wir auf uns nehmen können. Wenn wir dazu bereit sind, müssen wir gewärtig sein, dies Abenteuer täglich von neuem zu bestehen. Der Weg des Geistes führt nicht zu Ruhm, Ansehen und Millionenvermögen, hingegen zu innerer und äußerer Freiheit und einer Lebensüberlegenheit, die dem Alltagsmenschen unvorstellbar ist.

So paradox es klingt: *gefährlich zu leben* ist der einzige Weg, wirklich sicher und geborgen zu leben — im Einklang und Frieden mit Gott, mit der Welt und sich selbst. Es ist das, was alle Erwachten das *Leben aus dem Geiste* nennen.

LEBEN AUS DEM GEISTE

Was das Leben von uns will, wenn es uns durch leidvolle Erfahrungen führt, ist immer nur eines: es will uns damit anregen und veranlassen, nicht von der Dinge und Umstände Gnaden zu leben, sondern aus der Freiheit des Geistes.

Wo das Leben grausam erscheint, will es uns in Wirklichkeit helfen und uns die Augen öffnen, damit wir mit dem Geist des Lebens zusammenarbeiten, statt uns ihm in unserer Blindheit zu widersetzen.

Alle Schwierigkeiten im Leben wollen uns als Hinweise auf den Ewigen dienen und uns zum Bewußtsein bringen, das nur in Ihm Hilfe und Freiheit ist. Alle Leiden und Krankheiten sind Mahnrufe an uns, unser Heil und unsere Heilung allein in Gott zu suchen und zu finden. Das Gewißsein unseres Einsseins mit dem Ewigen und seiner Kraft bedeutet das Ende unseres Krankseins und unser Gefeitsein gegen künftige Leiden.

Jede Beunruhigung wegen wirtschaftlicher Gefahren und

Verluste ist eine Mahnung, alle Hilfe und die Sicherheit, die wir ersehnen, nicht in den Dingen oder in anderen Menschen, sondern allein *in Gott* zu suchen und zu finden.

Enttäuschungen und Rückschläge wollen uns dazu bringen, daß wir Beistand und Wohlstand von Gott erwarten und von nichts und niemandem sonst. Nur wenn wir uns nach innen wenden und Gott als unseren einzigen Helfer erkennen, heilen die Wunden unseres Herzens und die Schäden an Leib und Leben.

Solchermaßen spricht Gott in *allen* Erfahrungen unseres Lebens zu uns; sie alle sind Winke an uns, *Ihm* zu vertrauen, damit wir aller Sorgen ledig werden. Sie hören auf, uns zu quälen, sowie wir diese wichtigste Lektion in der Schule des Lebens gelernt haben. Die Lösung aller Schwierigkeiten und der Erfolg in allem, was wir unternehmen, stellt sich ein, wenn wir gelernt haben, uns vom äußeren Schein, von den Dingen, den Umständen, den Verhältnissen, von der Furcht vor der Zukunft abzuwenden und unser ganzes Vertrauen einzig und allein auf den Gott in uns zu setzen.

Wer in dieser Weise aus dem Geiste lebt, der hängt nicht mehr von äußeren Umständen und Gegebenheiten oder von anderen Menschen ab, sondern nur noch vom Ewigen. Er erwartet vom Ewigen nicht nur Gesundheit und neuen Lebensmut, sondern auch wirtschaftliches Wohlergehen — bis zur Versorgung mit allem, was zum Leben nötig ist. Er sieht in Gott nicht nur den Geist des Lebens und der Gesundheit, sondern ebenso den Geist der Fülle, der über sein Wohlergehen wacht und für die Erfüllung seiner Wünsche sorgt. Er vertraut ihm, daß er ihn in jeder Lage mit seiner Weisher leitet. Er sorgt sich darum nicht mehr, weil er sich von innen her geführt und beschützt weiß. Die Zukunft bedrückt ihn nicht, denn sein Augenmerk und sein Wirken gilt nur der *Gegenwart* — in der Gewißheit, daß Gott für das Kommende sorgt. Statt sich ängstlich dem Strom des Lebens zu widersetzen, vertraut er sich ihm willig an und kommt in ihm voran, wobei er alles, was sein Schicksal mit sich bringt, als von Gott geschickt betrachtet.

Weil er gewiß ist, daß keine Erfahrung im Leben zu seinem Schaden sein kann, sondern nach dem Willen Gottes in ihm alles seinem Wohl und Fortschritt dient, erlebt er in wachsendem Maße die Liebe und Hilfe Gottes. Er erfährt, wie sein Vertrauen ihn über die Schwierigkeiten hinwegträgt — oder richtiger, *daß jede Schwierigkeit in Wahrheit nur ein Durchgang zu einer höheren Lebensstufe war.*

Das Leben aus dem Geiste ist der einzige Weg, der ins Freie führt.

Solange der Mensch von äußeren Mitteln Besserung erhofft, findet er nicht zur Gesundheit; solange er nach äußeren Hilfsquellen Ausschau hält, bleibt ihm die wirkliche und einzige Quelle des Reichseins verschlossen; er bleibt ein Sklave des Geldes und Besitzes und ein Opfer der Verhältnisse. Solange er sich auf menschliche Weisheit und Führung verläßt, irrt er blindlings umher und kommt nie an sein Ziel.

Um frei zu werden, muß er sich von all diesen Scheinhilfen abwenden, aus dem Geiste leben und auf die Hilfe von innen vertrauen, und zwar ohne Vorbehalte und Einschränkungen. Wenn Gott sein einziger Helfer, der ausschließliche Bürge seines Glücks und Wohlstands geworden ist, hört die Macht der Umstände über ihn auf. Er lebt dann im Reich der Fülle und ist frei.

IM REICH DER FÜLLE

Armut und Mangel sind genau so Krankheitszustände wie Krebs oder Tuberkulose. Der Ewige kennt und will keinen Mangel und keine Beschränkung des Menschen auf einen Bruchteil der Fülle. Das Gefühl des Mangels ist ein Produkt menschlichen Falschdenkens, dem keinerlei Wirklichkeit im Reich des Ewigen entspricht. Mangel ist eine Folge unzureichender Wirklichkeitserkenntnis und Füllebejahung.

Jesu Lehre über diesen Punkt ist eindeutig: immer wieder fordert er, daß wir nicht nach dem Vergänglichen trachten, sondern nach den ewigen Gütern des Reiches Gottes, die nicht dahinschwinden.

Mancher hat diese Worte dahin verstanden, daß Jesus Armut und wirtschaftliche Not guthieß. Das ist falsch. Jesus wies im Gegenteil den Weg zur inneren Freiheit und wirtschaftlichen Unabhängigkeit. Seine Lehre führt uns aus dem engen und angstvollen Leben ichsüchtiger Besitzgier, des Geizes und Neides und des Abhängigseins von materiellen Dingen zu einem Leben wirklichen Freiseins.

Wenn wir dem Ewigen vertrauen — so lehrte er —, wird uns *alles*, was wir brauchen, reichlich zufallen. Das ist doch wohl deutlich: was er uns verheißt, ist nicht Armut und Mangel, sondern ein Leben aus der Fülle, in dem wir Tag für Tag das empfangen, dessen wir bedürfen. Und die Wahrheit dieser seiner Verheißung hat bisher noch jeder erfahren, der ihr vertraute und nach ihr handelte. „Wer diese meine Worte hört und ihnen folgt, der gleicht einem weisen Manne, der sein Haus auf einem Felsen erbaut hat."

Jesus lehrt uns, dem Geist des Lebens zu vertrauen und gläubig aus seiner Fülle zu schöpfen. Um das zu können, müssen wir uns von zwei Irrtümern freimachen:

1. dem Glauben, daß Armut eine Wirklichkeit und Naturnotwendigkeit ist,
2. dem Glauben, daß Reichtum aus materiellen Quellen entspringt.

Wir müssen also erstens unsere Einstellung zu Armut und Reichtum von Grund auf ändern: wir müssen erkennen, daß Armut ein Menschenwahn und Menschenwerk ist, nichts Gottgewolltes, also keine Wirklichkeit an sich besitzt. *Wirklich ist nur der Geist und der Gedanke.* Und wie oben, so unten: wie unser Denken, so ist unser Leben.

Gleichwie Gottes Geist und Gedanke den Kosmos mit all seinen Wundern ins Daseins rief und erhält, so ruft der menschliche Geist und Gedanke seine mikrokosmische Umwelt ins Dasein, wobei seine Verhältnisse genau seinen Vorstellungen vom Leben entsprechen. Wenn Gottes Gedanken in irgendeinem Punkt unvollkommen wären, dann wäre der Kosmos längst zum Chaos geworden. Wenn des Menschen Gedanken in irgendeinem Punkte unrichtig und unvollkommen sind, so offenbart sich das in seiner kleinen Welt als Disharmonie, Hemmung und Not. Solange seine Gedanken auf Mängel gerichtet sind, statt auf die Fülle des Lebens, treten in seinem Dasein unweigerlich Mängel und finanzielle Schwierigkeiten in Erscheinung.

Die Schuld daran liegt nicht beim Ewigen, der nur die Fülle kennt, sondern beim Menschen selbst, dessen Denken nicht auf die Wirklichkeit, die Fülle, gerichtet ist, sondern auf Bilder des Mangels und Armseins.

Um also aus Armut und wirtschaftlicher Abhängigkeit herauszukommen, muß der Mensch sein *Denken* ändern und *lernen, die Fülle des Lebens zu bejahen* und bewußt aus ihr zu schöpfen. Jeder seiner Gedanken, Haltungen und Handlungen muß lebendiger Ausdruck des Bewußtseins seines *Reichseins* sein.

Als zweites müssen wir klar erkennen, daß unser Wohlergehen nicht von *materiellen Faktoren* abhängt, sondern allein von *geistigen,* daß der Reichtum, der zu uns kommt, nicht aus materiellen Quellen strömt, sondern aus geistigen.

Die Lehren Jesu über diesen Punkt sind so revolutionär, daß nur wenige sie erfaßt haben, obwohl sie den einzigen Ausweg zeigen aus der leidvollen Gebundenheit an Mangel und Armut wie aus der Tyrannei und Sorgenversklavtheit der Habsucht und Besitzbesessenheit. Was lehrte Jesus?

Der alte Fluch lautete: Im Schweiße deines Angesichts sollst du dein Brot erarbeiten! Im Gegensatz dazu lautete Jesu Botschaft: Du wirst immer alles empfangen, was du brauchst, wenn du zuerst nach dem Reiche Gottes und seiner Gerechtigkeit trachtest!

Jesus forderte, daß wir uns *keinen Augenblick um die Bedürfnisse des Alltags sorgen,* sondern allein darum, daß einer dem andern diene, und daß wir nicht um des Lohnes willen wirken, sondern im Geiste der Liebe und brüderlichen Dienstbereitschaft, und daß wir *unser Wohlergehen gänzlich Gott überlassen.*

Das war ein eindeutiger Hinweis auf die Tatsache, daß unser Höheres Selbst, der geistige Mensch in uns, für alles sorgt, was unser kleines ‚ich‘, der äußere Mensch, zum Leben braucht. Das ist wahr, denn wer zu seinem göttlichen Selbst, zum *inneren Gott-Freund* heimgefunden hat, der erfährt vom gleichen Augenblick an, daß für seine äußeren Bedürfnisse in jeder Weise gesorgt wird.

Solange wir glauben, daß unser Wohlergehen von materiellen Faktoren und Bedingungen abhängt, von unseren Plänen, von den Leistungen unseres Hirns und unserer Hände, von unserer Klugheit oder Geschicklichkeit, von anderen Menschen oder von der Kunst, andere übers Ohr zu hauen, so lange bleiben wir dem Mangel und der Furcht vor der Zukunft verhaftet.

Ebenso, wenn wir einem anderen seinen Aufstieg, seinen Erfolg oder Reichtum neiden oder wenn wir meinen, andere hätten mehr Glück als wir und seien im Gegensatz zu uns Günstlinge des Schicksals, bleiben wir dem Mangel und der Lebensfurcht unterworfen. Der Reichtum kann nicht in unser Leben einströmen, solange unser Denken in dieser falschen, Richtung verläuft und den Einstrom der Fülle hindert.

Aller Reichtum wird uns aus dem Reich des Geistes dargereicht. Solange der Mensch dies nicht klar erfaßt hat, bleiben Mangel und Not sein Los! Der Bettler, der an meine Tür klopft und um Arbeit oder Essen bittet, würde binnen kurzem keine Not mehr kennen, wenn er sich auf die *geistige Quelle allen Reichtums* besinnen und aus der Gewißheit leben und handeln würde, daß von dorther — und *nur von dort her* — in jeder Weise für sein Wohlergehen gesorgt wird.

Der begüterte, aber innerlich unzufriedene, einsame und unglückliche Mensch, der von der Last der Verantwortung niedergedrückt, von Unruhe und Zukunftsangst gequält und zermürbt wird, würde bald gelassen, glücklich und fähig sein, seinen Wohlstand wirklich zu genießen, wenn er einmal die wirkliche Quelle seines Reichstums erkannt hat. Er würde von da an keine Sorgen vor dem Morgen und vor möglichen Schicksalsschlägen mehr kennen, sondern nur noch dem Ewigen vertrauen und *Ihn* dafür sorgen lassen, daß die Fülle in alle Zukunft sein ist.

Was können wir nun tun, um zu diesem *Leben aus der Fülle des Ewigen* zu gelangen?

Der einfachste Weg ist der, daß wir unablässig die Wahrheit bejahen, damit die negativen Vorstellungen, die oft sehr tief in unserem Bewußtsein eingewurzelt sind, nach und nach der Wirklichkeitsgewißheit Platz machen: dem *Bewußtsein der Fülle*.

Wir mühen uns keineswegs damit ab, das Dasein des Mangels zu verneinen, sondern gehen gleich dazu über, die grenzenlose Fülle des Ewigen zu bejahen und darauf zu vertrauen, daß sie sich, wie überall im Kosmos und in der Natur, auch in unserem Leben immer sichtbarer und fühlbarer offenbaren wird. Wir erwarten keine Hilfe von außen, von materiellen Dingen oder Bedingungen, sondern sind gewiß, daß sie nur von innen kommt, aus der Fülle des Ewigen, der in uns ist.

Nach einiger Zeit hat diese ständige gläubige Hinwendung zum Geist des Lebens und der Fülle, die unablässige Bejahung unseres Reichseins von innen her, zur Folge, daß wir zur Wirklichkeit erwachen, in das Bewußtsein der Fülle hineinwachsen und im gleichen Maße frei werden von allen durch falsches Denken geschaffenen Unzulänglichkeiten und Beschränkungen.

Ein erprobtes Mittel, diesen Prozeß des Hineinwachsens ins Bewußtsein der Fülle und der Offenbarung der Fülle auch im äußeren Leben zu beschleunigen, besteht darin, daß wir die

Bejahung unseres Reichseins *gemeinsam mit Gleichstrebenden* vornehmen. Viele Wahrheitssucher und Neugeistpraktiker, die in kleinem Kreise *gemeinsam* die Fülle bejahen, fördern sich auf diese Weise gegenseitig. Die gemeinsame meditative Besinnung auf die Fülle des Ewigen führt nämlich zu einer Multiplikation der Verwirklichungskräfte der Einzelnen; sie löst wirkstarke positive Schwingungen aus, die den, der sich von ihnen durchpulsen und erfüllen läßt, in einen Magneten des Glücks und Erfolgs verwandeln und ihn reif machen für den Einstrom wachsender Fülle in sein Leben.

*

Gott, der unendliche Geist der Fülle, kann uns Reichtum über Nacht, auf irgendeine unerwartete Weise, die uns wie ein Wunder anmutet, in den Schoß fallen lassen. Aber im allgemein kommt das, was wir zum Leben und Glücklichsein brauchen, durch andere Menschen zu uns. Trotzdem gilt es, den Reichtum, den wir bejahen, nie von anderen Menschen zu erwarten oder als Folge bestimmter materieller Maßnahmen oder Bedingungen zu werten, sondern stets aus der Gewißheit zu leben, *daß aller Reichtum unmittelbar von Gott kommt,* dem einzigen Quell aller Fülle.

Wenn wir sagen: „Sowie mein Geschäft floriert, wächst mein Reichtum" oder „Wenn X mir seine Schuld zurückzahlen würde, könnte ich das und das kaufen", schalten wir uns um einiges vom Gottquell aller Fülle ab und verringern den Zustrom des Reichtums.

Wenn wir hingegen *nur dem Ewigen vertrauen* und uns sagen: „Weil Gott der Geist der Fülle und mein Helfer ist, strömt mir jederzeit alles zu, dessen ich bedarf, und Glück und Erfolg sind mein bei allem, was ich unternehme!" dann öffnen wir uns in rechter Weise dem Einstrom der Fülle in unser Leben und erfahren Beglückungen und Förderungen in wachsendem Umfang.

Es gilt also — ganz gleich, wie die äußeren Verhältnisse auch aussehen mögen! — unser ganzes Denken auf diese

Wahrheit abzustimmen. Tun wir das, dann wird sich das, was wir denken, gemäß den ewigen Gesetzen des Lebens verwirklichen. Und wir werden dann — auch wenn der Erfolg durch andere Menschen zu uns kommt — immer *Gott*, den Geist der Fülle, als den Urheber erkennen und *Ihm* vor allem danken.

In diesem Zusammenhang sei ausdrücklich betont, daß es unmöglich ist, wirtschaftlich frei und unabhängig zu werden, solange man von Mißgunst, Neid oder Habgier erfüllt ist. Wir können ja in Wirklichkeit nichts *besitzen*, d. h. für immer festhalten; wir sind immer nur *Verwalter und Verteiler der göttlichen Fülle* und als solche dafür verantwortlich, daß wir sie ebenso weise wie hilfsbereit verwenden.

Das bedeutet, daß wir Geld und Güter nie wahllos weggeben, sondern dafür sorgen, daß sie dem Guten dienen oder, wenn wir sie einem Notleidenden geben, diesem helfen, sich selbst zu helfen, sich auf eigene Füße zu stellen und gleich uns zu lernen, nicht andere Menschen, sondern *Gott* als den einzigen Helfer und den einzigen Quell aller Fülle zu erkennen und zu bejahen.

Es bedeutet andererseits, daß wir den Reichtum, der uns zuströmt, nicht selbstsüchtig festhalten. Dazu haben wir ihn nicht bekommen. Wir werden vielmehr — um den Strom der Fülle am Fließen zu erhalten — stets peinlich genau unsere Rechnungen bezahlen, ein Zehntel aller Einnahmen auf die Seite legen und *Gott* zur Verfügung stellen, d. h. das Gute damit fördern, dem Gesetz der gegenseitigen Hilfe entsprechen und Bestrebungen unterstützen, die der Erkenntnis der Wahrheit dienen, damit immer mehr Menschen zu der Gewißheit erwachen, daß sie Kinder des Ewigen und bestimmt sind, aus der Fülle zu schöpfen und in jeder Hinsicht glücklich zu sein!

Wir werden die Bewegungen unterstützen, die den Menschen lehren, durch rechtes Denken, rechtes Erkennen und rechtes Handeln sich und ihr Leben zu meistern und Nichterkenntnis, Armut, Mangel, Krankheit und andere Unzulänglichkeiten erfolgreich zu überwinden. *)

Manche glauben, daß sie *etwas* für *nichts* bekommen könnten. Das ist unmöglich, weil es dem Gesetz der Wechselwirkung widerspricht, das auch im Reich des Geistes gilt. Wer die Wahrheit sucht oder die Fülle und bereit ist, sie zu empfangen, nicht aber, sie auch anderen zu *geben,* der sucht sie vergeblich, solange er nicht seine Grundhaltung ändert und begreift, *daß man zuvor geben muß, um empfangen zu können.*

Anfänglich muß man noch gegen das Gefühl ankämpfen, daß man um das ärmer wird, was man gibt. Wie auch immer unsere Verhältnisse sein mögen — zunächst erscheint es jedem als ein schweres Opfer, etwa ein Zehntel seines Einkommens freudig hinzugeben. Das Opfer scheint ihm zu groß und der verbleibende Rest zu klein. Hier gilt es, sich bewußt zu machen, *daß dieser scheinbare Verlust der erste Schritt zu wachsendem Reichtum ist.*

Eben im Hinblick auf diese Wahrheit sagte Jesus, daß geben seliger sei als nehmen, weil wir nur dadurch, daß wir gern geben, in das Reich Gottes, das Reich der Fülle, eintreten. Wir geben damit unserem *Vertrauen* zum Ewigen und unserer *Dankbarkeit* durch die Tat Ausdruck — mit dem Erfolg, daß der Ewige uns vielfältig zum Bewußtsein bringt, daß wir an seiner Fülle teilhaben. Das Bewußtsein, aus einer nie endenden Fülle zu schöpfen, wird stärker, die Furcht vor der Zukunft, die Sorge um das tägliche Brot, die Schwierigkeiten des Lebens nehmen im gleichen Maße ab und verschwinden schließlich ganz.

Das meinte Jesus mit den Worten: „*Wer hat* — nämlich das Bewußtsein der Fülle —, *dem wird gegeben!*"

Unter den vielen, die ich durch die Umstellung auf das Gesetz des Empfangens durch Geben reich und erfolgreich

---

*) Die obigen Ausführungen sind Hinweise auf die *„Goldene Regel",* die in der gleichnamigen Schrift von K. O. Schmidt ausführlich dargelegt ist (Drei-Eichen-Verlag).

werden sah, ist ein Mann, der es sich schon in jungen Jahren zur Regel machte, ein Zehntel seines Einkommens Gott zur Verfügung zu stellen. Sein Reichtum wuchs schließlich dermaßen, daß er von einem Zehntel seines Einkommens leben konnte und imstande war, neun Zehntel seines Einkommens in den Dienst des Ewigen zu stellen. Dabei brauchte er sich nichts zu versagen. Und er erfuhr, daß der, der nach dieser ‚goldenen Regel‘ lebt und handelt, nicht nur mit materiellen Gütern, sondern weit mehr noch mit den viel wichtigeren geistigen Gütern überreichlich gesegnet wird: mit Liebe und Freude, Frieden und Harmonie, Zufriedenheit und Glück — alles Dinge, die man mit Geld nicht erwerben kann. —

Wir brauchen uns auch nicht darum zu sorgen, *wie* und *woher* der bejahte Wohlstand wohl kommen mag. Wenn er kommt, kommt er auf natürlichen Wegen. Denn obwohl der Geist Gottes der Quell der Fülle ist, so sind doch die Kanäle, durch die er uns die Fülle zuleitet, materieller Art: entweder beginnt unser Unternehmen zu florieren oder unsere Arbeit wird besser bezahlt oder finden wir eine bessere Stellung oder unerwartete Helfer oder Förderer, oder unsere Wünsche werden auf andere, gänzlich unerwartete Weise erfüllt.

Ich spreche hier wie überall aus reicher eigener Erfahrung und bin glücklich, hier bestätigen zu können, daß ich in meinem langen Leben immer wieder erfahren durfte, daß mein absolutes Vertrauen auf den Ewigen und seinen Beistand und meine Bereitschaft, anderen stets mein Bestes zu geben, zur Folge hatten, daß alles, dessen ich bedurfte und bedarf, stets reichlich da war und da ist.

Die gleiche Erfahrung kannst auch du machen, wenn du dich nur daran gewöhnst, Hilfe und Förderung statt von außen immer nur von innen, aus dem Reich der Fülle Gottes in dir zu erwarten gemäß der Verheißung Jesu: „Trachtet zuerst nach dem Reiche Gottes und seiner Gerechtigkeit, und alles übrige wird euch von selbst zufallen!"

Die ‚Gerechtigkeit Gottes‘ ist das Gesetz der Wechselwirkung, das, sowie wir nach ihm handeln und zuerst geben, bewirkt, daß die Fülle in unser Leben einströmt. Wer nach diesem Gesetz lebt, der verfügt über alle Reichtümer der Welt.

Besinnen wir uns also täglich von neuem auf diese die Fülle verbürgende Wahrheit:

„Gott in mir ist der Quell meines Lebens.

Ich schöpfe aus ihm unbegrenzte Fülle, die kein Ende hat.

Die Liebe und Fürsorge Gottes bewirkt, daß mir stets alles, dessen ich bedarf, rechtzeitig und reichlich zuteil wird!"

Die Erfüllung unseres Bewußtseins mit dieser Gewißheit macht unser Herz frei von Ichsucht und Habgier, frei von dem Gefühl des Abhängigseins von materiellen Hilfsquellen oder anderen Menschen, frei von Angst und Sorge und von der Anbetung des Mammons. Wir sammeln uns nicht mehr ‚Schätze, die die Motten und der Rost fressen', die uns gestohlen werden oder verlorengehen können, sondern wir schöpfen ohne Sorge und ohne Gier aus der Fülle Gottes, die nie abnimmt. Wir wissen, daß uns immer nach unserem Glauben geschieht und daß der Geist des Lebens uns trägt, behütet und erhält.

Wir erleben nun ähnliches wie der gänzlich vermögenslose *Georg Müller,* der, ohne je von anderen Menschen einen Pfennig zu erbitten und ohne sich je um Hilfe an die Öffentlichkeit zu wenden, nur durch vertrauensvolle Hingabe an Gott für die von ihm betreute wachsende Zahl von Waisenkindern im Laufe der Zeit insgesamt über 30 Millionen Mark erhielt und sein ganzes Leben lang imstande war, die Waisenkinder, denen seine ganze Liebe und Fürsorge galt, stets mit allem zu versorgen, was sie brauchten. Der Strom der Fülle, den er durch gläubige Bejahung im Gebet zum Fließen brachte, hörte bis an sein Lebensende nicht auf, so daß er immer wieder Grund hatte, Gott für seine unablässige und reichliche Hilfe zu danken.

Damit komme ich zu einer weiteren Voraussetzung, die

erfüllt sein muß, wenn der Strom der Fülle nie wieder versiegen soll: es ist die *Gesinnung froher Dankbarkeit,* die uns am innigsten mit dem Herzen Gottes verbindet und bewirkt, daß die Fülle kein Ende nimmt. Darüber wird im weiteren zu sprechen sein.

DANKBARKEIT ALS SCHLÜSSEL ZUR FÜLLE

Einer der Wege, die uns zuverlässig aus Mangel und Not herausführen, ist der frohen Dankbarseins. Die Gewöhnung an ständiges Loben und Danken hat Gesundheit und andere Segnungen im Gefolge. Sie beseitigt die Hindernisse, die den Menschen vom Zufrieden-, Gesund- und Glücklichsein fernhalten.

Jedesmal, wenn wir unser Herz in froher Dankbarkeit zu Gott erheben, lösen wir uns aus Fesseln des Leides und der Not. Jedesmal, wenn wir unser Gemüt dankerfüllt auf Gott richten, schöpfen wir aus der Fülle des Ewigen. Wenn wir uns gar diese Haltung zur *Gewohnheit* machen, wachsen wir Schritt um Schritt in ein lebendiges Einssein mit dem Ewigen hinein und erleben uns als Bürger des Reiches Gottes, das das Reich der Fülle ist.

Manche haben durch Gebete und andere Mittel Gesundung erstrebt, sie aber nicht gefunden. Warum nicht? Weil ihnen die *rechte geistige Haltung* fehlte, die froher Dankbarkeit und freudigen Gebens, die bewirkt, daß sich das dankbar Bejahte als Wirklichkeit und die Fülle, aus der sie geben, als unausschöpfbar erweist.

Solange man sich an äußere Hilfen klammert, bleibt man Sklave der Materie; aber sowie man lernt, sich einzig an Gott zu klammern und ihm für seine Hilfe zu danken, fallen die Schranken und das Eine Leben der Kraft und der Fülle offenbart sich in seiner ganzen Vollkommenheit.

Gewöhnen wir uns also daran, Gott *für alles* zu danken: für jede Mahlzeit, für jeden Pfennig, für unsere Kleidung, für unsere Gesundheit, für unser Glück, für unseren Schlaf, für unseren Besitz, für jede Liebe, die uns erwiesen wird, für jede Erkenntnis, jeden Fortschritt und jeden Erfolg. Gewöhnen wir uns, auch dann Dankbarkeit zu empfinden, wenn wir Geld ausgeben oder freiwillig opfern: eben weil wir in der Lage sind, es auszugeben oder zu schenken.

Genau so dankbar wollen wir sein, wenn Geld hereinkommt, wie gering der Betrag auch sein mag, und darin ein Geschenk Gottes sehen. Diese Gesinnung frohen Dankbarseins erweist sich, je mehr sie uns zur *Gewohnheit* wird, immer deutlicher als Quell aller möglichen Segnungen und Förderungen, wachsender Harmonisierung unseres Daseins, zunehmenden Gesundseins und Wohlergehens. Sie ist es, die uns von finanziellen Sorgen freimacht und frei hält; sie erfüllt unser Herz und unser Leben mit Freude ohne Ende.

Aber wir müssen noch weiter gehen und Dankbarkeit nicht nur empfinden, wenn es uns gut geht, wenn unsere Wünsche sich erfüllen und das Leben uns erfreuliche Begegnungen, Erlebnisse und Beglückungen zuteil werden läßt, sondern *auch dann, wenn das Leben uns in die Lehre nimmt,* wenn wir durch *dunkle Tage* schreiten, die dazu dienen, unseren Charakter, unser Beharrungsvermögen und unser Gottvertrauen zu erproben.

Solche dunklen Tage nützen uns oft weit mehr als die sonnigen Zeiten des Daseins, in denen es uns gut geht und alles gelingt. Zeiten der Bewährung, der Prüfung und Belehrung sind gut, weil sie die Stärke unseres Mutes und unseres Glaubens an das Gute auf die Probe stellen und uns Gelegenheiten bieten zu rascherer Vervollkommnung und Höherentwicklung. Darum gilt es, auch diese Zeiten dankbar willkommen zu heißen und auch die Widerstände und Schwierigkeiten zu segnen.

Tun wir das, dann werden wir die Erfahrung machen, daß

die Hindernisse, die wir segnen, sich in Fördernisse verwandeln!

Begegnen wir *allem*, was geschieht, mit Dankbarkeit und Liebe! Der eine kann seinen Nachbarn nicht ausstehen; den anderen ärgert das Türenzuschlagen im Hause, den dritten das Geknatter der Motorräder, Hundegebell oder der Lärm eines Radioapparates beim Nachbarn. Solche Störungen und Mißgefühle werden um so ärger, je mehr man sich darüber ärgert. Wenn wir hingegen die Dinge, die uns verstimmen, ärgern oder aufregen, segnen, ihnen mit Gleichmut oder gar mit *Liebe* begegnen, werden wir erleben, daß die Störungen uns nicht mehr berühren.

Solange wir Störungen und Widrigkeiten erlauben, uns zu erregen und zu erzürnen, machen wir sie immer quälender und zu Zerstörern unseres inneren und äußeren Friedens und unserer Nervenkraft. Begegnen wir ihnen aber mit Gedanken des *Segens und der Liebe, dann verwandeln wir diese Störungen in Stufen zu größerem Wohlbefinden und Wohlergehen.*

Gleichermaßen: wenn wir zulassen, daß negative Erfahrungen oder schlechte Aussichten unsere Aufmerksamkeit auf sich ziehen, dann *machen* wir sie zu bestimmenden Mächten in unserem Leben. Denn indem wir über negative Dinge nachdenken, *ziehen wir sie an* und stimmen unser Wesen und Leben auf sie ab.

Richten wir hingegen unser Denken statt auf diese unerfreulichen Dinge bewußt und freudig auf die positive Seite des Lebens, auf *Gott,* erfüllen wir unser Herz mit *Dankbarkeit* und bejahen wir die Fülle, die Güte und die Hilfe des Ewigen, dann stimmen wir unser Wesen und unser Leben eben hierauf ab und machen uns zu Kanälen, durch die die Kraft und der Reichtum Gottes in unser Leben einströmen.

Doch wir müssen noch weiter gehen: wir müssen sogar dazu kommen, daß wir diese Gesinnung der Dankbarkeit beibehalten, selbst wenn Angehörige oder Freunde von uns scheiden. Das ist gewiß nicht leicht, aber es ist möglich und gibt uns Frieden und neue Kraft.

Ich habe einst auch nicht geglaubt, daß ich mich je zu dieser Einstellung würde aufraffen können. Aber ich habe mich bemüht und nach und nach ist es mir gelungen. Heute ist es mir nicht nur möglich, sondern leicht. Es ist wenig bekannt, daß Niedergedrücktheit und Trauer nicht nur *krank* machen, sondern auch *arm*. Sokrates sagt mit Recht: „Wer sich der Trauer und dem Trübsinn hingibt, der wird zu einem Magneten, der alles Gute und allen Besitz von sich stößt." Die Erfahrung bestätigt, daß Menschen, die sich ständig negativen, unfrohen, trüben Gedanken und Stimmungen hingeben, in gesteigertem Maße Enttäuschungen und Verluste erleiden — ganz abgesehen von Krankheiten aller Art, die ihre negative Seelenstimmung anzieht.

Ich kenne Menschen, bei denen dauernde Verstimmung und Niedergeschlagenheit zu Rheuma und Nervenentzündungen führte; erst als sie lernten, sich innerlich umzustellen, ihren Verlust zu segnen und Gott *für alles zu danken,* was geschehen war — in der Gewißheit, daß jeder Verlust nur ein scheinbarer und zeitlicher ist und daß der von ihnen Geliebte in Gott geborgen und glücklicher ist, als er auf Erden war —, da fanden sie nicht nur ihre Gesundheit wieder, sondern auch ihre wirtschaftliche Lage besserte sich als Folge ihrer seelischen Umstimmung.

Es gibt kein zuverlässigeres Mittel, Kummer, Enttäuschungen und Verluste zu überwinden, als: Gott für *alles* zu danken, was das Leben mit sich bringt, alles zu segnen und alles zu bejahen! Lernen wir, alles in Gottes Hände zu legen, statt uns darum zu sorgen und zu grämen, Ihm, der die Liebe selbst ist, zu vertrauen und Ihm im Voraus für seine Güte und Hilfe zu danken, dann tragen wir zu unserem Teile dazu bei, daß sich *alles* zum Besten wendet und als Segnung und Förderung erweist. Wir erfahren dann, daß wir keinen Grund zum Traurig-, Besorgt- oder Ängstlichsein haben, weil die *Wirklichkeit*, das Reich Gottes, ein Reich grenzenloser und unaufhörlicher Freude und Fülle ist.

Und schließlich wollen wir, wenn wir *beten*, dem Ewigen *im Voraus dafür danken*, daß er unser Gebet beantwortet und unseren Wunsch bereits erfüllt hat. Als Jesus hinging, um Lazarus von den Toten aufzuerwecken, da betete er: „Vater, ich danke Dir, daß Du mich erhört hast!" Paulus riet in seinem Brief an die Philipper: Sorget euch nicht, sondern offenbart eure Wünsche im Gebet und mit dem Ausdruck des *Dankes* dem Ewigen!

Hier liegt das Geheimnis rechten, erfolgreichen Betens: es gilt, Gott im Gebet zu danken, als ob das Ersehnte bereits Wirklichkeit sei! „Bevor sie mich rufen, werde ich ihnen antworten; indes sie noch reden, habe ich sie schon erhört!" Weil das wahr ist, handeln wir recht, wenn wir dem Ewigen dafür, daß er unser inniges Gebet längst vernommen und beantwortet hat, von Herzen danken. Solch dankerfülltes Beten und gläubiges Bejahen des von Gott Erbetenen ist Ausdruck jenes unerschütterlichen Glaubens, der Berge von Schwierigkeiten versetzt.

Wer an Wunder grenzende Gebetserhörungen erleben will, der erfülle sein Gebet mit dieser Gesinnung froher Dankbarkeit. Er stelle seinen Dank an die Spitze seines Gebets, wie es Jesus tat, als er sagte: „Vater, ich danke Dir, daß Du mich erhört hast; und ich weiß, daß Du mich allezeit erhörst!" (Johs. 11, 41). Solcher Dank ist Ausdruck des Bewußtseins des Einsseins mit dem Reiche Gottes und damit des immerwährenden Reichseins in Gott.

REICH SEIN IN GOTT

Reichtum wird heute nicht nur auf materiellen, wirtschaftlichen Wegen gesucht, sondern auch auf okkulten, heimlichen Wegen. Die Methoden, geistige Kräfte anzuwenden, um

Reichtümer zu schaffen, sind viel verbreiteter, als allgemein angenommen wird. Es gibt viele Schriften und Erfolgslehren, die sagen, wie man sich durch den Einsatz geistiger Mächte Reichtum verschaffen kann.

Was diese den Egoismus der Menschen ansprechenden Bücher und Systeme aber verschweigen, ist, daß jene, die diese Methoden anwenden, am Ende seelisch, körperlich und wirtschaftlich ruiniert werden. Ein Schwarzmagier mag lange Erfolg haben — aber schließlich steht er vor dem Nichts. Von den vulgären Erfolgsschriften, die den neuen Geist zwar kopieren, ihn aber nicht begriffen haben und in sich tragen, gilt das Wort: „Was hülfe es dem Menschen, wenn er die ganze Welt gewönne und nähme doch Schaden an seiner Seele!"

Alle diese Methoden, die wirtschaftlichen wie die okkulten, irren in einem entscheidenden Punkte: sie suchen die weltlichen Dinge unter Ausschluß oder gar Mißbrauch der geistigen Dinge. Sie übersehen das geistige Grundgesetz des Lebenserfolgs: *„Trachtet am ersten nach dem Reiche Gottes, so wird euch alles übrige von selbst zufallen."*

Die meisten trachten zuerst nach den weltlichen Gütern und möchten sich diese sichern; wenn das gelungen ist, wollen sie gern auch nach dem Reiche Gottes streben ... Aber dann ist es zumeist zu spät.

Heißt das, daß wir den Reichtum verwerfen, das Reichsein ablehnen? In keiner Weise. Wir folgen der Lehre Christi, indem wir *zuerst* nach dem Reiche Gottes trachten, wobei wir dann erfahren, daß uns in der Tat alles übrige zufällt, daß wir überreichlich mit allem Nötigen versorgt werden — vielleicht gerade weil wir nicht danach gieren, es nicht zuerst wollen, sondern es als selbstverständliche Begleit- oder Folgeerscheinungen rechten Gesinntseins bejahen.

Kannst Du Dir Dich selbst vorstellen, im Himmel lebend und zugleich auf der Jagd nach Geld, Kleidung, Nahrung? Nein. Ebensowenig aber sollen wir uns auf Erden um diese Dinge sorgen, sondern sollen, innerlich im Himmel lebend, gewiß sein, daß die äußere Fülle als Frucht der inneren von selbst in Erscheinung tritt.

Wir wissen uns *reich in Gott* — und dieser Reichtum tritt unweigerlich auch äußerlich zutage, und zwar ohne die nervenzermürbende Jagd nach den äußeren Gütern und ohne ängstliches Aufspeichern und Zusammenscharren.

Die Gesetze des Geistes und die Erfahrungen des Lebens besagen, daß wir auf der Jagd nach dem Geld zum Schluß selbst die Gejagten sind, die Verlierer, während wir die Freiheit bewahren und alles gewinnen, was wir brauchen, *wenn wir das Geben vor das Nehmen stellen.*

Ich kenne viele Reiche, die von Besitz-Besessenheit frei sind und nicht am Gelde hängen, weil sie sich nur als seine Verwalter betrachten. Eben weil die Erlangung des Reichtums für sie nicht Selbstzweck ist, nicht höchstes Lebensziel, sondern bloße Begleiterscheinung rechten Denkens und Lebens, strömt ihnen die Fülle ohne ihr Zutun überreichlich zu. Je gleichgültiger und gelassener sie dem Gelde gegenüberstehen, desto mehr ziehen sie es an. So kann ein Reicher über dem Gelde stehen und ein Armer sein Sklave sein.

Wer auf seinen Reichtum vertraut statt auf den lebendigen Gott und seine Fülle, wer in materiellen, weltlichen Dingen aufgeht und darüber *das Beste vergißt,* der verliert seine Seele und schließlich sein Glück. „Also geht es dem, der sich Schätze sammelt und ist nicht reich in Gott", wie Jesus sagt. Er lehrte uns, uns Schätze im Himmel zu sammeln, die weder die Motten noch der Rost fressen, indem wir freudigen Herzens zuerst Gott seinen Anteil an dem geben, was uns zufließt.

Der weltbekannte Waisenhaus-Müller, Georg Müller-Bristol, sammelte solcherart Schätze im Himmel, indem er den größten Teil des Geldes, das er einnahm, zum Wohl der Waisen bestimmte und verwendete. Er nannte jede Ausgabe für diesen Zweck eine „Einzahlung auf Gottes Bank". Dreiviertel seines Einkommens hat er auf diese Weise Gott gegeben. Die Folge war, das sein Einkommen, das schließlich nur noch aus Liebesgaben bestand, von Jahr zu Jahr zunahm, bis es eine unvorstellbare Höhe erreichte. Je mehr er gab, um zu helfen, desto mehr strömte ihm zu. Er war ‚reich in Gott‘. Es waren rund 30 Millionen Mark, die ihm insgesamt als freiwillige Gaben für den Unterhalt der von ihm geschaffenen Waisenhäuser zuflossen — als Frucht seines absoluten Vertrauens auf Gott und die Wahrheit des Worts: „Dem Helfer hilft der Helfer droben!"

Was Jesus lehrte und was Georg Müller im Großen demonstrierte, das kann jeder von uns im Kleinen nachahmen — und mit gleichen Erfolgen! Manche allerdings empfinden das Geben des ‚Zehnten‘ wie eine Art Zahnziehen. Sie hängen noch dem altgeistigen Glauben an, daß man um so erfolgreicher ist, je mehr es einem gelingt, so viel wie möglich für nichts oder fast nichts zu bekommen, daß also Nehmen vorteilhafter ist als Geben. Sie werden nie ‚reich in Gott‘ und nie aus den Sorgen herauskommen, solange sie nicht den Geist des Habenwollens aufgeben und einsehen, daß *geben* förderlicher ist als nehmen. Gott gibt immerfort umsonst; das Leben verschenkt seine Segnungen ohne Gegenrechnung; und nur wer dem Leben gleich *freudig gibt*, ist und bleibt fähig, unaufhörlich zu empfangen. Wer aber nur haben und für sich behalten will, der schließt sich vom Reichtum Gottes aus und von der Fülle des Lebens ab.

Wer gibt, der öffnet sich der Fülle und ermöglicht es dem Reichtum Gottes, ungehindert in sein Leben einzuströmen. Wer *hilft* — nicht nur mit Worten und Versprechungen, sondern durch *Taten* —, wer nicht nur von seinem Überfluß gibt, sondern grundsätzlich von allem, was er einnimmt, *zuerst Gott* seinen Teil gibt, auch wenn er sich dadurch Beschränkungen auferlegt, der ist ‚reich in Gott‘ und weiß bald, was wirkliche Fülle ist.

Gott, der Geist des Lebens, gibt uns sein Bestes und erwartet, daß wir auch ihm unser Bestes geben — nicht nur das, was übrig ist. *Wir müssen die geistigen Dinge an die erste Stelle und die materiellen Dinge an die letzte Stelle setzen, wenn wir wirklich im neuen Leben vorankommen wollen.* In dem Maße, wie wir Gott über alles lieben, werden wir reich. Im selben Maße, wie wir Gott über alles lieben und unseren Nächsten wie uns selbst, werden wir bereit sein, unserem Nächsten zu helfen durch Hingabe eines Teiles unserer Mittel, durch gute Gedanken und Worte, durch Gebete und Dienstleistungen aller Art. Im gleichen Maße werden wir reich in Gott und durch Gott.

Wir werden auch dadurch reich in Gott, daß wir unserer Unvergänglichkeit bewußt werden und unseres inneren Lebens, das nicht vom körperlichen Leben abhängt, sondern in Gott ruht. Wenn — als Folge rechten Gebens und Verhaltens — Christus in uns geboren wird, werden wir zu neuen Menschen, zu Kindern Gottes, die sich des Neuen Lebens bewußt sind, das ewig ist und in Gott wurzelt. Schon durch die Erkenntnis des Christus-in-uns und dadurch, daß wir dieser Erkenntnis gemäß leben und handeln, sammeln wir uns einen unverlierbaren Schatz im Himmel.

Und zugleich erfahren wir, daß wir, mit dem Ewigen geeint, innerlich beständig wachsen und reifer werden und aus einer Fülle leben, die kein Ende hat.

INNERES WACHSTUM

Was alle Menschen im Grunde ersehnen und als erstes suchen, ist *Sicherheit*. Sie fühlen, daß sie im Bereich des materiellen Lebens der Sicherung bedürfen, wenn sie auch selten erkennen, wie sehr sie im Flugsand der gefahrvollen Erdenpilgerfahrt einer anderen, höheren Sicherheit bedürfen ...

Das innere und das äußere Leben, d. h. das Leben der Seele und das des äußeren Menschen, sind miteinander verflochten, so daß es unmöglich ist, eines vom andern zu trennen. Während wir zum Beispiel völlig mit der Meisterung des äußeren Lebens beschäftigt sind, können gerade dann die Schwierigkeiten, Nöte und Krisen des Lebens die Seele auf ihr erstes Erwachen vorbereiten. Und andererseits können die praktischen Lebenserfahrungen die innere Wandlung und Wiedergeburt auslösen, wenn unser Sehnen nach dem Reich des Geistes geht.

Am besten ist der daran, der bei allem Streben nach der Meisterung des äußeren Lebens *bewußt für sein inneres Wachstum sorgt*.

Wer das tut, der erfährt und weiß mit absoluter Sicherheit, daß Gott der *Geist der Liebe* ist. Das ist für ihn durchaus keine bloße Redensart, sondern lebendige Wirklichkeits-Gewißheit, die jeden Tag erprobt werden kann.

Weil Gott die Liebe ist, wendet er sich durchaus nicht ab von dem, der sein Vertrauen lieber in menschliche Schlauheit und Kraft setzt als in den unendlichen Geist des Guten und die Hilfe von oben. Wer so denkt und handelt, wendet *sich selbst* von der göttlichen Liebe ab, entzieht sich ihrem Einfluß und Licht und wagt sich in die Dunkelheit hinaus – in eine Wüste, in der er schließlich nichts als Not und Dürre findet ... Die göttliche Liebe und Fülle ist nach wie vor vorhanden und zu seiner Verfügung; aber solange er sich ihr nicht zuwendet, kann sie ihm nicht zuteil werden. Er hat sich selbst der wahren Sicherheit begeben und sich von der Hilfe von oben ausgeschlossen.

Anders der, der der göttlichen Vorsehung vertraut und der göttlichen Hilfe gewiß ist. Mit Recht sagt Jeremias (17, 8) und gleichsinnig der Psalmist (1, 3) von ihm: „Er ist wie ein Baum, am Wasser gepflanzt und am Bache gewurzelt. Auch wenn Hitze kommt, fürchtet er sich nicht, sondern seine Blätter bleiben grün, und wenn ein dürres Jahr kommt, sorgt er sich nicht, sondern bringt Früchte ohne Aufhören." Er braucht sein Herz nicht an die materiellen Dinge zu hängen, denn er weiß, daß ihm alles Gute, dessen er bedarf, von Gott zugeteilt wird — um so sicherer, je williger er sich Gott innerlich offenhält und hingibt. Er weiß sich vom Geiste geleitet und von der ewigen Weisheit geführt; alle Lebenserfahrungen werden ihm infolgedessen zu Quellen des Segens und leiten ihn auf den Weg, der zum Himmel führt.

Wir Jünger eines Neuen Geistes nennen solch Leben bewußten inneren Wachstums ein *Leben in Gott.* In Gott leben heißt sich von unsichtbaren Quellen gespeist und erhalten wissen. Zeiten der Dürre können uns nicht schrecken. Denn wir sind in Sicherheit: Gott, die unsichtbare Quelle alles Guten, erfüllt auf geheimnisvolle Weise alle unsere Bedürfnisse nach dem Maß unseres Vertrauens.

Wer sich dem Unsichtbaren, dem Geiste überläßt, kann nicht scheitern. Er braucht sich nicht um Sicherungen zu bemühen, braucht sich keine ,Hintertüren' offenzuhalten, braucht nichts zu fürchten, nicht um das Morgen zu sorgen. Denn er ist ja — nach dem Maß seines rückhaltlosen Vertrauens — unmittelbar mit allen Hilfsquellen Gottes verbunden. Er kann darum liebevoll sein, wo andere in Unkenntnis der Wirklichkeit ichsüchtig und hartherzig sind; er kann hilfreich sein, wo andere meinen, ihre Mittel zusammenhalten zu müssen; er kann aus der Fülle geben — und wird erfahren, daß diese Fülle kein Ende hat.

Gott ist allmächtig und kann Wunder wirken; wenn wir ihm vertrauen, wird uns Hilfe und Nahrung aus unsichtbaren Quellen, die nie versiegen. Meister *Eckehart* — „der Mann, dem Gott nichts verborgen hielt" — sagt mit Recht, daß, wenn wir ganz in Gott statt im Kreatürlichen wurzeln und leben, nichts uns etwas anhaben kann. Erst wenn wir uns nicht vollkommen Gott hingeben, öffnen wir dem Übel den Weg.

Das eben angeführte Jeremias-Wort spricht nun betont vom Baum, der am Wasser gepflanzt ist und am Bache *wurzelt,* d. h. seine Wurzeln ausbreitet. Er meint damit eben das, was wir als ,inneres Wachstum' bezeichnen: der Baum breitet von sich aus seine Wurzeln am Fluß des Lebens aus und sucht in der Tiefe schweigend Quellen unausschöpfbarer Kraft.

Gleichermaßen müssen wir unsere Kraftquellen im tiefsten Innern unseres Wesens suchen und finden, wo wir mit Gott jederzeit in lebendige Berührung und Verbindung treten können. Wenden wir uns täglich aufs neue in Stille und Meditation nach innen, zum göttlichen Quell unseres Lebens, so werden wir dadurch nicht nur innerlich gestärkt und erneuert, sondern auch unser äußeres Leben wird dann sichtbar gesegnet. Die Blätter unseres Lebensbaumes bleiben immer grün, auch bei Hitze oder Dürre in der Außenwelt, weil wir in der Tiefe unseres Wesens von den Quellen des Ewigen gespeist werden.

Wer solchermaßen das innere Wachstum voranstellt, braucht sich um das äußere Wachstum nicht zu sorgen: Gott weiß, daß wir der Nahrung und Kleidung, der Wohnung und des beruflichen Erfolgs, der Gesundheit und Harmonie für unser äußeres Leben bedürfen, und er versieht uns mit allem. Je rückhaltloser wir ihm vertrauen, desto sichtbarer sehen wir uns von der göttlichen Fürsorge und Hilfe umhegt.

Wenn wir aber im Vertrauen nachlassen, setzen wir uns zwischen zwei Stühle, da wir einerseits nicht die Härte und Selbstsucht des Weltmenschen besitzen und andererseits die Verbindung mit dem inneren Kraftquell verlieren.

In solcher Lage befinden sich viele Christen von heute, die im Grunde zwei Herren dienen wollen: sie glauben nicht, daß Gott in das äußere Leben eingreift, und meinen, auf Erden müsse jeder für sich selbst sorgen und weltliche Methoden zum Vorwärtskommen anwenden. Sie trennen in ihrer Blindheit das äußere Leben vom inneren. Und eben in dieser Trennung liegt die Ursache ihrer Schwäche und Not. Denn das äußere Leben ist nur ein Teil des Gesamtlebens. Es ist ebenso geistig wie das innere Leben, wenn es im Vertrauen auf Gott geführt wird.

Das ist keine Behauptung, sondern eine Erfahrungstatsache, um die all jene wissen, die bewußt in und aus Gott leben. Wenn Zeiten der Dürre kommen, geschäftliche Rückschläge, Enttäuschungen in der Familie oder im Beruf, Zeiten scheinbaren Stillstands, in denen alle äußeren Hilfsquellen versagen, bleiben sie gelassen; sie vertrauen auf die inneren Quellen Gottes — und erleben, daß die Dinge sich so gestalten, daß sie unberührt vom Übel sicher hindurchkommen. Sie vertrauen der göttlichen Kraft, daß sie sie sicher, ruhig und erfolgreich durch alle Krisen führt — und ihr Vertrauen wird nicht enttäuscht.

So liegt das Geheimnis der *Sicherheit* nicht in der Kenntnis und Anwendung äußerer Sicherungsmethoden, sondern in dem mutigen Wagnis des Lebens in Gott. Je mehr der Mensch nach äußeren Sicherungen sucht, desto gefährdeter und unsicherer wird sein Leben — und nicht nur das äußere, sondern auch das innere. Je mehr er hingegen Gott vertraut, desto größer wird die Sicherheit, die ihn erfüllt und umgibt und ihn über Schwierigkeiten und Nöte hinweg zur Fülle führt, desto klarer unterscheidet er Schein und Wirklichkeit.

WIRKLICHKEIT UND SCHEIN

Es gibt ein Reich der Wirklichkeit, das ewig und vollkommen ist, während die uns durch die Sinne zugängliche Welt vergänglich und unvollkommen ist. Die Hindu-Philosophen nennen diese äußere Welt die Mâyâ- oder Scheinwelt — und mit Recht, weil die Dinge nicht das sind, was sie scheinen, weil unsere Sinne uns nur eine unzulängliche Vorstellung des wirklichen Universums vermitteln. Unsere Augen zeigen uns ein Schatten-Land mit all den Unvollkommenheiten, die den Schatten eigen sind.

Der ganz in dieser Schattenwelt aufgehende Alltagsmensch neigt dazu, diese ihm sichtbare Welt für die wirkliche und die ihr zugrundeliegende geistige Welt für unwirklich zu halten. In diesem Hingegebensein an die Welt der *Täuschung* liegt die Ursache seiner beständigen *Enttäuschungen*. Seine Enttäuschungen und Leiden enden erst, wenn er das Leben statt von außen von *innen* her betrachtet und in der Innenschau einsieht, daß die truglose und vollkommene Innenwelt *hinter* der trugvollen Sinnenwelt liegt.

Warum ist diese Änderung der Blickrichtung unseres Denkens unerläßlich?

Wir sahen bereits, daß unsere Sinne uns nur unzureichende Bruchstücke der Wirklichkeit erschließen, aus denen unser Geist sich nun sein ‚Weltbild' formt, das zum kleineren Teil aus Sinneseindrücken, zum größeren Teil aus Vorstellungen und Meinungen besteht. Zum Teil haben auch die Gedanken und Meinungen anderer Menschen, ja der ganzen Menschheit an diesem Weltbild mit geformt, weil eben alle Wesen innerlich miteinander in lebendigem Gedankenaustausch stehen. Deshalb erscheint die äußere Welt, oberflächlich betrachtet, auch allen Menschen gleich, wenn auch jeder in seiner eigenen selbstgeschaffenen Umwelt lebt. Was einer denkt und in sich trägt, das spiegelt sich in seinem Leben und seinen Verhältnissen wider und bildet so seine besondere *Umwelt*.

Solange der Mensch nicht erkennt, daß diese seine Umwelt und seine Verhältnisse nur die *Wirkung und Kristallisation seines Denkens* sind, bleibt er natürlich ein Sklave der Verhältnisse. Erkennt er aber, daß alles Unerfreuliche, Leidvolle und Böse nichts ist als das Ergebnis negativer Gedanken und falscher Meinungen, dann weichen die Schatten in dem Maße, wie er ihrer Unwirklichkeit bewußt wird.

Daß die äußeren Verhältnise eines Menschen nur Widerspiegelungen seines Denkens, seines Glaubens, seines inneren Verhaltens sind, bedarf keines Beweises für den, der tiefer sieht.

Wer an *Mangel und Armut* glaubt, bringt sie in seinem Dasein zum Ausdruck und engt sich selbst ein. Ob er dann gegen diese Verhältnisse ankämpft oder nicht, ist belanglos, weil es ein Kampf gegen Schatten ist. Glaubt er hingegen im Innersten seines Herzens, daß er in einer *Welt der Fülle* lebt und daß er, wenn er heute alles verliert, morgen ebensoviel wiedergewinnen wird, dann bleiben Mangel und Not ihm fern. So großmütig erweist sich das Leben dem, der ihm vertraut.

Ich bin in meinem Leben mit unendlich vielen Menschen zusammengekommen und habe immer wieder feststellen können, daß *jeder genau in den Verhältnissen lebt, die seiner geistigen Haltung entsprechen.* Wer also seine Verhältnisse ändern will, hat nichts zu tun, als sich selbst — sein Denken, seine innere Blickrichtung und Haltung — zu ändern!

Wer an *Infektionen und Krankheiten glaubt,* der zieht sie herbei und fällt ihnen zum Opfer. Er steckt auch seine Umwelt zuerst gedanklich und schließlich körperlich mit an. Solche Menschen leben in einer Atmosphäre von Leiden, Krankheiten und Operationen; ihr Dasein ist ein ewiger Kreislauf von Unpäßlichkeiten, Krankwerden, Befragen von Spezialisten, gefährlichen Operationen und hohen Arztrechnungen. Ihr ganzes Denken kreist um diese Dinge; was Wunder, wenn ihr Leben ihren Gedanken und Gefühlen gemäß abläuft.

Gelingt es aber, das Denken und Fühlen eines solchen Menschen von Grund auf zu ändern, so daß er alle Furcht vor Ansteckungen und jeden Glauben an die Macht der Krankheit über Bord wirft und einsieht, daß er in Wirklichkeit — seinem innersten Wesen nach — nicht krank werden kann, dann hört der verhängnisvolle Kreislauf auf und Krankheiten und Leiden können ihm nichts mehr anhaben. Er lebt jetzt im Licht der *Wirklichkeit:* er denkt richtig — und das offenbart sich bald in seinem Körper genau so wie in seinem Leben als Gesundheit und Fülle.

Was von Armut und Krankheit gilt, trifft auch auf das „*Böse*" zu. Gott, der unendliche Geist des Guten, schuf nichts Böses. Was wir ‚böse' nennen, hat keine Wirklichkeit; es ist nichts als der Ausdruck mangelnden Gewißseins des Guten, bloße Folge falscher Blickrichtung. Wie die Lüge, so ist auch das Böse ein Nichts. Jeder Glaube an sie ist Selbsttäuschung, die den Menschen seiner Freiheit und seines Selbstvertrauens beraubt. Das Böse verschwindet von selbst, wenn der Mensch seine Schattenhaftigkeit und Unwirklichkeit erkennt und die Wirklichkeit bejaht: *Gott, das Allgute.*

Die Wurzel alles Bösen ist der unbewußte *Glaube* an das Böse als eine selbständige Macht. Mit diesm Wahn verbündet sich ein anderer: die Meinung, man müsse diesem ‚Bösen‘ widerstehen, es mit aller Kraft bekämpfen. Vor zweitausend Jahren lehrte Jesus bereits die Wahrheit mit dem Wort: *„Widerstehet dem Übel nicht“.* Er wußte, daß das Böse ein Nichts ist, das seine ganze Kraft aus dem furchterfüllten Glauben der Menschen an das Böse zieht und scheinbar wächst, je heftiger der Mensch gegen diesen Schatten ankämpft. Jesus wußte, daß die Erkenntnis seiner Nichtigkeit die Macht des Bösen bricht, daß *die Bejahung der einzigen Wirklichkeit, des Guten, das Böse vernichtet.* Jesus wußte um die Scheinhaftigkeit der Sinnenwelt und um die Abhängigkeit der äußeren Verhältnisse vom inneren Verhalten, vom Denken des Menschen. Er wußte, daß dem Menschen nichts not tut als die *Erkenntnis der Wahrheit:* Indem der Mensch die Wahrheit erkennt, ändert er sich, erneuert er sein Denken — und im gleichen Maße ändert sich seine Welt!

Jesus lehrte nicht, daß man die *Welt* ändern müsse, daß man dem Menschen durch die Verbesserung seiner Verhältnisse helfen könne. Er forderte vielmehr nur eines: die *innere Wandlung und Erneuerung des Menschen,* weil er wußte, daß diese Wandlung die der äußeren Verhältnisse von selbst nach sich zieht. Eine Wiedergeburt des Menschen muß sich vollziehen, eine grundlegende Wandlung seines Denkens und Glaubens. Aus dem furchtgejagten Sinnenmenschen muß ein zur Wirklichkeit erwachter Christus-Mensch werden, der *aus dem Geiste lebt.* Ein solcher Mensch wird auch die Umwelt nach dem Geistbild höchster Vollkommenheit neugestalten — aus der Kraft und Gewißheit seines Einsseins mit dem Ewigen.

EIN SICHERES MITTEL

Der eine oder andere Leser wird mir vielleicht entgegenhalten: „Wozu diese ganzen Überlegungen? Es mag ja sein, daß das Böse — im Lichte des Ewigen — keine Wirklichkeit besitzt; aber in meinem gegenwärtigen Dasein erweist es sich als eine schmerzhafte Realität. Es mag auch sein, daß das Leben ein Traum ist; aber dann ist es ein äußerst realer Traum und das Böse in ihm ist so gegenständlich greifbar, als wäre es absolut wirklich. Und wohin ich auch blicke, ich sehe keinen Ausweg, keinen Weg ins Freie. Ich habe genug gehört über die Unwirklichkeit des Bösen; vielleicht sagen Sie mir nun, *wie ich davon frei werde!*"

Darauf habe ich zu sagen:

Es gibt einen Weg ins Freie. Da das Böse seinen Ursprung im menschlichen Bewußtsein hat, kann es durch die *Erneuerung des Bewußtseins,* durch die Wandlung des Denkens, vernichtet werden. Durch die Ausmerzung alteingewurzelter falscher Vorstellungen beseitigen wir die Ursache aller negativen und unerfreulichen Zustände in unserem Leben. Dadurch, daß man sie bekämpft oder sie von *außen* her zu ändern sucht, erreicht man nichts. Man muß sie bei der *Wurzel* packen — und die sitzt in unserem eigenen Bewußtsein.

Wie nun können wir unser Bewußtsein, unser Denken, unser unbewußtes Selbst ändern und ererbte oder übernommene falsche Vorstellungen und Glaubensmeinungen, die die Menschheit seit Äonen irreleiten, ausmerzen? Gibt es ein Mittel, die Ursache aller negativen Bedingungen und Verhältnisse aufzuheben, eine Methode, die harte Schale falschen Denkens und Irrglaubens zu zerbrechen und eine grundlegende Erneuerung des Geistes, des Denkens, des Glaubens und damit auch der äußeren Verhältnisse herbeizuführen?

Ja, ein solches Mittel gibt es: es ist die *beharrliche Bejahung der Wahrheit.* Die Wahrheit besitzt die Macht, sich in unserem Leben zu offenbaren, wenn wir uns ihr nur beharrlich zuwenden, sie bejahen, uns an sie klammern und ihr vertrauen — gleichgültig, wie die Welt um uns im Augenblick aussieht. Indem wir vom scheinbaren Bösen wegsehen und gläubig die Wahrheit bejahen, das Gute sehen und bewußt aus der Kraft der Wahrheit leben, bewirken wir, daß das Böse weicht oder sich in Segen verwandelt.

Das klingt für Neulinge auf diesem Gebiet unglaubhaft, weil sie die zugrundeliegenden Gesetzmäßigkeiten nicht kennen. Eben darum neigen sie dazu, es statt mit Bejahung der Wahrheit lieber mit Verneinungen der Wirklichkeit des Bösen zu versuchen. Da aber Verneinungen zerstörend wirken, sollte man sie nur selten anwenden und ihnen in jedem Falle eine Reihe Bejahungen folgen lassen, die aufbauend wirken.

Wenn man also einem scheinbaren Übel gegenübersteht, wird man sich als Anfänger zweckmäßig von dem Schein abwenden und auf die gläubige Bejahung konzentrieren, daß, weil Gott der unendliche Geist des Guten ist und nichts außer Ihm Wirklichkeit besitzt, auch das scheinbare Übel nur ein verhülltes Gutes ist, das sich — als Folge unserer gläubigen Bejahung des Guten — sichtbar offenbaren wird.

Man bejahe mit aller Inbrunst, was Gott ist — nämlich grenzenlose Güte, Vollkommenheit, Leben, Einheit, Liebe, Fülle, Weisheit und Schönheit —, bis man erkennt, daß dies die Wahrheit ist. Eben weil es die Wirklichkeit ist, braucht sie nur beharrlich *bejaht* zu werden, damit das scheinbare Übel verschwindet; es löst sich, weil es keine Wirklichkeit besitzt, von selbst in nichts auf, wenn ihm die Wahrheit beharrlich entgegengehalten wird.

Das klingt zunächst weltfremd und abstrakt; aber in Wirklichkeit handelt es sich um *lebenspraktische Ratschläge* und Anleitungen, die sich bereits in der Bibel finden. Der 1. Vers des 23. Psalms zeigt uns, wie man eine einzige Verneinung mit einer Vielheit von Bejahungen verbindet. Die Verneinung heißt: „Mir wird nichts mangeln." Ihr wird eine wirksame Bejahung vorausgesandt: „Der Herr ist mein Hirte", mein Hüter, mein Beschützer. Und nun folgen die weiteren Bejahungen, deren beharrliche Wiederholung die entsprechende Wandlung unseres Lebens mit sich bringt: „Er weidet mich auf einer grünen Aue und führet mich zum frischen Wasser", d. h. Er sorgt für mein Wohlergehen. „Er erquicket meine Seele, er führet mich auf rechter Straße", d. h. er gibt mir Kraft von innen und leitet mich von innen her auf den rechten Weg. „Und ob ich schon wanderte im finstern Tal, fürchte ich kein Unglück", d.h.: mag auch das Böse mich scheinbar bedrängen, so fürchte ich es nicht, weil Gott alles zum Besten wendet und alles in Segen verwandelt.

Der Psalmist will mit diesen Worten das Bewußtsein von negativen Vorstellungen, von Angst und Furcht — die den Menschen in die gefürchteten Verhältnisse hinabziehen — reinigen und es für die Erkenntnis der Wahrheit bereit machen — *der Wahrheit, daß Gott unser Helfer ist und daß wir Ziel und Gegenstand nie endender göttlicher Fürsorge und Liebe sind.*

Nur unser Bewußtsein, unsere Denkrichtung braucht geändert zu werden, wenn alles Negative und Unerfreuliche aus unserem Leben verschwinden soll. Gottes Welt, in der wir leben, ist vollkommen. Und auch unser Leben ist es, wenn wir es nur erkennen und bejahen. Eben durch die *Bejahung* der Wirklichkeit und Wahrheit ändern wir unser Denken, unsere geistige Haltung, und damit wandelt sich auch das Gesicht der Verhältnisse. Durch die beharrliche Bejahung der Wahrheit, „*daß es in Wirklichkeit nichts Böses gibt, sondern nur die grenzenlose Güte, Liebe und Vollkommenheit*

Gottes, *die sich immerfort in und um uns offenbart*", be-
wirken wir jene Erneuerung des Geistes, jene Wandlung des
Denkens, die die automatische Wandlung auch des äußeren
Lebens zur Folge hat.

Wenn die Wahrheit erkannt ist, bedarf sie keiner Beweise mehr. Wer aus dem Geiste lebt, erlebt, daß das Leben
gut ist und daß jede Wandlung uns zum Anlaß werden will,
die Güte und Hilfe des Ewigen noch dankbarer und gläu-
biger zu bejahen. Wer *seine Denkrichtung ändert*, verwandelt und durchlichtet sein Leben von Grund auf.

ÄNDERUNG DER DENKRICHTUNG

Des Menschen Denken ist im allgemeinen begrenzt und irr-
tumverhaftet und nur selten auf die Wahrheit gerichtet, auf
die Wirklichkeit, die Kraft und die Fülle des Lebens. Um hier
zur Freiheit zu gelangen, bedarf es einer grundlegenden Änderung der Blickrichtung.

Der Sucher der Wahrheit muß nicht nur begreifen, daß,
weil der *Ewige* Leben ist, Liebe, Sein, Weisheit, Kraft, Gesundheit, Friede, Einheit und die Fülle des Guten, all dies
auf Grund seiner Gottessohnschaft auch *sein* ist, sondern er
muß dieser Erkenntnis gemäß denken, reden und handeln
lernen.

Rechtes Denken ist das Gegenteil der üblichen Denkweise
und bedarf bewußter Pflege. Es besteht, wie gesagt, in einer
radikalen Änderung der Blickrichtung. Was das bedeutet,
sei an vier Hauptbedürfnissen des Menschen — *Weisheit,
Harmonie, Gesundheit, Fülle* — aufgezeigt.

WEISHEIT

Der Alltagsmensch reagiert auf Hemmungen und Schwierigkeiten zumeist mit einer ameisenhaften Gedankentätigkeit.

Jeder nur erdenkbare Ausweg wird gesucht und versucht. Stößt er in der einen Richtung auf Widerstand, sucht er sogleich anderswo Wege aus der Not. Und oft erlebt er dabei, daß der Weg versperrt scheint oder der gefundene Ausweg sich hinterher als der schlechtestmögliche erweist.

Bei dieser Entdeckung beginnt der Verstand verzweifelt zu klagen: „Alles ist so hoffnungslos. Wenn ich einen Ausweg gefunden zu haben glaube und ihn gehe, ist es, als würde alles nur noch schlimmer. Was soll ich nur tun?"

Der begrenzte Menschenverstand vermag die Schwierigkeiten des Lebens eben nicht zu lösen; sein verzweifelter Kampf gegen das Schicksal erschöpft nur die Kräfte und ruiniert die Nerven.

Der einzige Ausweg ist der, daß man seine Denkrichtung ändert, sich vom Schein abwendet, den Geist zur Ruhe bringt und sich der Wirklichkeit zuwendet. Und wie das? Indem man sein Denken und Vertrauen auf den Ewigen richtet. Wenn wir über eine Verheißung des Ewigen meditieren, bringen wir unseren Geist in Einklang mit dem Geist Gottes, unser Denken in Harmonie mit dem Denken des Ewigen — was zur Folge hat, daß wir von innen her dazu geführt werden, im rechten Augenblick das Rechte zu wählen oder zu tun. Dadurch aber gelangen wir in den Bereich der Harmonie, der Ordnung und des Friedens, so daß wir uns stets am rechten Ort finden, unser Werk richtig und zur rechten Zeit vollbringen können.

Wenn wir beispielsweise den 23. oder 91. Psalm herzdenkend lesen, nach innen geöffnet und aufnahmebereit für die Weisung des Geistes Gottes in uns, dann glättet sich die ewig bewegte Oberfläche des Gedankenmeeres und wir werden des *Friedens* und im weiteren der *Weisheit des Ewigen* teilhaftig und von der Gewißheit erfüllt, daß alles wohl steht, und zwar jetzt und in alle Ewigkeit.

Den gleichen Dienst tut ein anderer Text, der uns mit der Gewißheit des göttlichen Beistandes erfüllt — etwa Jesaia 41, 10:

„Fürchte dich nicht, denn Ich bin mit dir; weiche nicht, denn ICH BIN dein Gott. Ich stärke dich, Ich helfe dir, Ich erhalte dich durch die rechte Hand Meiner Gerechtigkeit."

Wenn wir diese Worte immer aufs neue ruhig, langsam, bewußt und aufnahmewillig lesen und nachsprechen, erwacht allmählich die lebendige Gewißheit in uns, daß diese Verheißung des Ewigen *wahr* ist und jederzeit und gerade *für uns* gilt, als wäre sie für uns persönlich geschrieben. Können wir noch Furcht haben, wenn der allweise Ewige, der unendliche Liebe und Güte ist, *mit uns ist?*

So fühlend, gehen wir in den Frieden des Ewigen ein und erkennen, daß alles wohl steht und daß wir immer und überall auf den rechten Weg geführt werden. Und nun sind wir bereit, unsere ganzen Sorgen dem Ewigen zu überlassen und uns selbst ganz der beglückenden Gewißheit hinzugeben, daß Er dafür sorgt, daß alles gut geht. Während wir, so lange wie möglich, in dieser friedevollen Gewißheit verharren, wird unser Leben von innen her geordnet und geheilt.

HARMONIE

Es gibt Zeiten im Leben, wo die Disharmonien in unserem Dasein zur Qual werden. Alles scheint zu mißlingen. Das Leben erscheint uns so problematisch und dunkel, daß wir dem Manne gleichen, der in einem dunklen Zimmer nach einer schwarzen Katze sucht, die nicht da ist.

Der einzige Ausweg aus der inneren Verwirrung und äußeren Wirrnis ist wiederum der, daß wir unser Denken von der Unordnung in unserem äußeren Leben abwenden, es vertrauend auf die göttliche Ordnung und Harmonie richten und die Harmonie der Welten in Gott erkennend bejahen.

Von den Myriaden Milchstraßensystemen im Universum bis hinab zu den Atomen und Elektronen offenbart sich dem forschenden Menschengeist überall das Wirken des Ordnungswillens des Ewigen. Wir werten diese Ordnung als den sichtbaren Ausdruck der All-Harmonie, die auch unser Leben durchwaltet und ordnet, sowie wir den Geist Gottes willig durch uns wirken lassen.

Der Wille des Ewigen erfüllt sich im Ablauf des Schicksals des Universums wie des Menschen mit hastloser Genauigkeit und in vollkommener Ordnung. Der Geist Gottes, der hinter allem Geschehen waltet, kennt keine Unordnung, keine Eile, keine Erregung, keine Unruhe, Leidenschaft und Disharmonie. Ohne Abweichen nach links oder rechts erreicht er seine Ziele.

Die gleiche Ordnung und Harmonie offenbart sich in unserem Leben, sowie wir uns ganz dem Geiste Gottes in uns überlassen und ihn gelassen in und durch uns wirken lassen, statt uns von unseren Gefühlen, Ängsten und Sorgen hier- und dorthin jagen zu lassen.

Wiederum hilft uns hier die besinnliche Meditation über ein Bibelwort, der Ruhe und Kraft der göttlichen Harmonie fühl- und sichtbar teilhaftig zu werden, und zwar wählen wir die folgende Bejahung im Gebet des Herrn:

„Dein Reich komme, Dein Wille geschehe — wie im Himmel, so auch auf Erden!"

Wir rufen damit die göttliche Ordnung, die Harmonie im Geiste Gottes an, sich auch in uns zu offenbaren, in unserem Denken, in unserem Gefühlsleben, in unserem Wollen und Tun und in unserem äußeren Dasein.

„Das Reich des Ewigen" — sagt Paulus — „ist Gerechtigkeit, Friede und Freude im Heiligen Geiste." Wir rufen somit durch die Meditation über die obige Bejahung die Ordnung und Harmonie, den Frieden und die Freude des Ewigen auf, in unserem Alltagsleben Wirklichkeit zu werden, indes wir unsererseits uns dem Willen des Ewigen überlassen in der Gewißheit, daß er uns stets zum Guten führt.

Wenn wir die Allharmonie in der Meditation solchermaßen anrufen, gehen wir in den Frieden des Ewigen in uns ein; unser Denken richtet sich dem Harmoniewillen des Ewigen gleich mit der Folge, daß auch unser äußeres Leben immer sichtbarer ein Bild der Ordnung und Harmonie wird.

Zweimal täglich sollten wir uns auf diese Weise in den Frieden und die Harmonie des Ewigen einschwingen und einfügen, wenn wir ein Leben der Ordnung und fortschreitender Vervollkommnung wünschen. Das Ergebnis solcher willigen und geduldigen Hingabe an den Geist und die Harmonie des Ewigen ist, daß nicht nur unser eigenes Leben sich ordnet und auf das Ewige ausrichtet, sondern daß auch das Leben der Menschen um uns von dieser Harmonie mit ergriffen und erfüllt wird.

Die Änderung unserer Denkrichtung, die tägliche innere Hinwendung auf die Wahrheit, die Weisheit und Harmonie des Ewigen in der Meditation erweist sich als *das* Heilmittel für die Nöte und Leiden des Daseins. Wie groß die Unordnung und Disharmonie auch sein mag — die bewußte Einsenkung in den Frieden des Ewigen entwirrt und löst sie!

Wohlgemerkt: nicht das bloß verstandesmäßige Erkennen der Wahrheit bewirkt diese Heiligung und Heilung unseres Lebens, sondern nur die völlige Hinwendung unseres Denkens und Tuns auf die Wahrheit und Harmonie des Ewigen.

Wie ein Muskel durch ständigen Gebrauch wächst, aber bei Nichtgebrauch verkümmert, so auch unser Vermögen zur Wahrheits-Erkenntnis: Wer die Wahrheit nur wenig begreift, sie aber gläubig *bejaht* und nach ihr *lebt,* der ist tausendmal besser daran als der, der sie verstandesmäßig voll erfaßt, sie aber praktisch kaum anwendet.

Ein Lokomotivführer muß durchaus kein Spezialist für Lokomotivenbau sein, sondern nur wissen, wie seine Maschine in Gang gebracht und gehalten und recht gepflegt wird, um ihren Dienst tun zu können. Ähnlich steht es mit uns: wenn wir das, was wir von der Wahrheit begriffen haben — und wäre es noch so wenig — nur *recht anwenden,* wird sie uns immer fühlbar leiten.

Gesundheit und Wohlergehen sind der normale Zustand des Menschen. Denn der Mensch ist ein Gedanke Gottes — und alle Gedanken des Ewigen sind vollkommen. Der erste Schritt zum Gesundwerden ist darum die Besinnung auf die Tatsache, daß wir als Gedanken Gottes weder krank noch schwach sind, sondern heil und gesund.

Die Menschheit wird von Leiden und Krankheiten nicht frei werden, solange sie dem Wahn zuneigt, daß diese Übel von Gott gewollt und geschickt seien. Erst wenn wir uns von diesem Wahn frei machen und der Wahrheit inne werden, daß Gott der Geist und die Kraft des Lebens, der Liebe, der Freude, des Gesund- und Heilseins ist, schreiten wir aus dem Dunkel des Krankseins und Leidens in die Helle des Heilseins und der Freude.

Von Gott kann nur Gutes kommen; denn er ist unendliche Güte und Vollkommenheit und grenzenlose Liebe. Wenn wir uns ihm vertrauend zuwenden und uns dem Einstrom seiner Kraft und Liebe willig öffnen wie die Blüte dem Sonnenlicht, dann können wir gar nicht anders als glücklich und zufrieden, gesund und stark werden.

Kein irdischer Vater wünscht, daß seine Kinder krank seien und leiden. Um so weniger wünscht der Ewige, dessen Liebe unendlich umfassender ist als die Menschenliebe, daß seine Kinder leiden! Wenn wir das einmal klar begriffen haben, sind wir bereits auf dem *Weg ins Freie*.

Wie nun können wir unser Erwachen zu dieser Wahrheit und damit unser Heilwerden beschleunigen. Die Erfahrung lehrt hier, daß die *gläubig-beharrliche Bejahung der Wahrheit* in Gedanken und Worten das sicherste Mittel ist, sie auch in unserem Körper und Leben zur Offenbarung zu bringen. Demgemäß tun wir gut, zu bejahen,

1. daß der Ewige nicht ein Gott des Leidens und der Krankheit ist, sondern ein Gott des Heilseins, der Gesundheit und Freude,

2. daß der Mensch als Gedanke Gottes nicht zum Schwach-
   und Kranksein bestimmt ist, sondern zum Stark- und
   Gesundsein,
3. daß der Mensch als Gedanke Gottes vollkommen und
   befähigt ist, dieser Vollkommenheit in seinem Leibe
   und Leben Ausdruck zu geben.

Durch beständige Besinnung auf diese Wahrheit befreien
wir unseren Geist von den Falschgedanken der ‚Gottgewollt-
heit und Unabänderlichkeit unserer Krankheiten und Leiden‘,
an deren Stelle mehr und mehr das *Gewißsein der Wahrheit*
tritt, *daß Gott unser Gesundsein will und unser Glück,* und
das unerschütterliche *Vertrauen,* daß *in der Hingabe an
Gottes Liebe alle Leiden sich lösen und dem Heilsein und der
Harmonie weichen.*

Mit der Änderung unserer Blickrichtung vom Kranksein
weg auf die Tatsache unseres Gesundseins aus Gottes Kraft
und Willen ändert sich unser leiblicher Zustand von selbst.

FÜLLE

Es gibt einen inneren Quell der Fülle wie es eine innere Kraft
des Heilseins gibt. Alles strömt uns aus dieser unsichtbaren
Quelle zu. Die Besinnung auf die Tatsache, daß alles Gute
von Gott, dem Unendlichen Geist des Guten, kommt, ist auch
hier der erste Schritt ins Freie.

Um die Fülle zur Offenbarung zu bringen, bedarf es einer
fundamentalen Änderung unserer Denkrichtung: „Trachtet
zuerst nach dem Reiche Gottes, und alles übrige wird euch
gegeben werden." Das heißt: sucht zuerst nach dem inneren
Reich der Fülle; die äußere Fülle wird sich dann von selbst
einstellen. Erkennt und bejaht Gott als den Geber alles Guten — und es wird euch an nichts mehr mangeln!

Wenn wir begriffen haben, daß *Gott der einzige Quell
aller Fülle* ist, haben wir die Voraussetzung dafür geschaffen, daß sich die Fülle auch in unserem äußeren Dasein offenbaren kann. Gott gibt uns alles, was wir benötigen; denn er

will nicht, daß wir Mangel leiden; wir müssen nur seine Hilfe gläubig bejahen und willkommen heißen.

Daß so viele Mangel leiden, rührt daher, daß die meisten Menschen mehr an den Mangel als an die Fülle glauben und sich durch ihr negatives, ängstliches Denken selbst begrenzen und unten halten. Sie denken: „Wenn ich nur reich wäre!" — mit dem gefühlsbetonteren und darum wirkstärkeren Hintergedanken: „aber leider bin und bleibe ich arm!" Oder denken sie: „Wenn ich nur diese drückende finanzielle Sorge los wäre!" oder, mit dem Blick auf ihren glücklicheren Nachbarn: „Wenn ich nur sein Einkommen, sein Vermögen hätte!" Indem sie so denken, sehen sie sich selbst klein und arm, halten sich unten und verewigen ihre Not. Sie zeigen, wie man *nicht* denken soll.

Hier bedarf es einer grundlegenden Änderung der Denkrichtung. Statt zu denken: „Wenn ich nur reich wäre!" gilt es zu denken und zu fühlen, daß wir über unbegrenzte und unausschöpfbare Mittel verfügen. Statt auf den Mangel oder eine vermeintliche Schranke zu starren, gilt es zu denken: „Gott ist der Quell der Fülle und sorgt für mein Wohlergehen!" David sagt das gleiche im 23. Psalm: „Der Herr ist mein Hirte; mir wird nichts mangeln."

Wenn wir, angesichts eines Mangels oder einer Not, gläubig bejahen, daß Gott der Quell der Fülle ist und für unser Wohl sorgt, in dieser neuen Einstellung beharren und handeln, *als ob* die Fülle bereits da sei, dann ändern wir die Richtung unseres Denkens und im weiteren die unseres Lebensweges. Wir gelangen aus der Sklaverei der Not ins *Freie!*

Diese Änderung unseres Denkens und damit unseres Lebens erreichen wir natürlich nicht durch eine einzelne Bejahung; vielmehr müssen wir die Wahrheit, daß Gott die Fülle ist und für unser Wohlergehen in jeder Hinsicht sorgt, *täglich bejahen* — und zwar immer dann, wenn wir uns in der Stille nach innen wenden und uns der Gewißheit unseres

Einsseins mit dem Ewigen hingeben. Ebenso selbstverständlich ist, daß wir die gleiche Einstellung und Gewißheit den ganzen Tag hindurch beibehalten und *aus dieser Gewißheit heraus handeln.*

Das erfordert ein beständiges *Wachbleiben für die Wirklichkeit,* das wir durch häufige kurze Bejahungen oder durch Worte des *Dankes* an Gott sichern. Dadurch schützen wir uns zugleich gegen das Eindringen negativer Autosuggestionen und Mißgefühle und bleiben unter dem Schirm des Ewigen, dessen Hilfe sich dann um so rascher in unserem Leben offenbart.

Angesichts einer Schwierigkeit besinnen wir uns nun: „Gott wird mir raten, was zu tun ist. Gott hilft mir!"

Wenn Unruhe und Disharmonie Platz greifen wollen, werden wir gelassen bleiben in der Gewißheit: „Gottes Liebe umsorgt mich und erfüllt mich und mein Leben mit Frieden und Harmonie!"

Wenn eine Krankheit uns bedroht, bejahen wir gläubig: „Gott in mir ist mein Heil und mein Heiler. Die Kraft Gottes macht und erhält mich gesund!"

Wenn Verluste drohen, Mangel und Not ihr Haupt erheben, erfüllen wir unser Herz mit der Gewißheit der Wahrheit: „Gott ist mein Helfer; mir wird nichts mangeln. Gott ist der Geist der Fülle; er gibt mir alles, dessen ich bedarf!"

Diese Bejahungen dienen der immer erneuten Hinwendung unseres Denkens auf den Quell der Kraft und Fülle in uns, auf die göttliche Hilfe. Die immer erneute Hingabe an den göttlichen Helfer in uns bewirkt, daß uns geholfen wird.

In der gleichen Weise überwinden wir Gefühle der Furcht, den Mangel an Selbstvertrauen, Ärger, Zorn und andere Affekte, die von selbst verschwinden und zu nichts werden, sowie wir unser Denken auf Gott und seine Hilfe gerichtet halten.

Schließlich kommen wir so weit, daß es angesichts negativer Gedanken- und Gefühlsattacken genügt, die positiven Worte in uns hineinzusprechen:

„Harmonie — Gesundheit — Frieden — Fülle!"

Lebendige, positive Worte haben magische Kraft und ein starkes Verwirklichungsvermögen, wobei die Stärke ihrer Schwingung und Durchsetzungskraft dem Grade ihrer Gefühlsbetontheit entspricht.

Wie negative Worte uns niederdrücken, entmutigen und schwächen, wenn wir sie aussprechen oder sie hören und uns ihnen hingeben, so erheben und durchkraften uns die obigen positiven Worte, was wir gerade dann am deutlichsten spüren, wenn wir sie in niedergedrückter Stimmung oder als unsere innere Antwort auf negative, deprimierende Äußerungen anderer Menschen bewußt aussprechen. Je häufiger wir sie benutzen, desto positiver und wirkstärker wird unser Denken, desto leichter schreiten wir über Depressionen hinweg.

Erfahrungsgemäß erreicht im Leben immer der am meisten, dessen Geist am positivsten schwingt, während der, dessen Bewußtsein für negative Einflüsse der Umwelt empfänglich ist oder zur Selbstentmutigung und Zweifelsucht neigt, leichter Fehlern und Mißerfolgen zum Opfer fällt, günstige Gelegenheiten selten als solche erkennt und ergreift und insgesamt nur wenig erreicht.

Eben darin unterscheidet sich der Erfolgreiche vom Erfolglosen: der erstere bleibt angesichts einer Schwierigkeit, beim Ansturm starker Gegenkräfte gelassen und geht unbeirrt, selbst- und gottvertrauend seinen Weg weiter bis zum Sieg, indes der letztere sich vom Widerstand zum Stehen bringen und entmutigen, entmachten läßt und im Wahn seines Schwachseins vorzeitig aufgibt.

Wer der göttlichen Hilfe gewiß ist, wird immer siegen. Am stärksten ist stets der, der sich allein auf den Ewigen stützt, weil er aus Erfahrung weiß, wieviel neue Kraft in ihm wach wird, wenn er seinem inneren Helfer vertraut und sich — in Form positiver Selbstbefehle — immer aufs neue besinnt, daß alles sein ist: *Harmonie — Gesundheit — Frieden — Fülle!*

Ihm wird leicht, was den Unweisen schwer fällt: mit dem Leben Schritt zu halten und bewußt dem ständigen stillen Zug nach oben zu folgen.

MIT DEM LEBEN SCHRITT HALTEN!

Zu Freiheit und innerem Frieden wie zu wirklicher Lebensmeisterung gelangen wir, wenn wir mit dem Leben Schritt halten und willig aus den Erfahrungen lernen, die der Strom des Lebens mit sich bringt. Der wahre Erfolg unserer kurzen Erdenreise hängt davon ab, wie wir mit diesen Erfahrungen fertig werden.

Immer gibt das Leben das Tempo an. Es verlangt Fortschritt, Wachstum, Anpassung und die Bereitschaft, uns geistig und ethisch zu entfalten und ständig neue Fähigkeiten aus uns zu entwickeln. Es fordert, daß wir uns heute besser und tüchtiger zeigen als gestern und morgen über das Heute hinausgewachsen sind. Es erwartet stets größeren Glauben, gesteigerten Mut und gläubigeren Aufstieg zu immer höheren Lebensstufen.

Wenn wir dem Tempo des Lebens innerlich aufgeschlossen und bewußt folgen, gleichen wir einem erfolgreichen Geschäftsmann mit einem geordneten Schreibtisch: je größer der Umfang seiner Tätigkeit, desto aufgeräumter ist sein Gemüt und sein Schreibtisch. Weil sein Kopf klar ist, herrscht auf seinem Schreibtisch Ordnung. Und umgekehrt. Nie zaudert er — im Zweifel, ob er dies oder jenes zuerst tun soll —, er packt jedes Problem in dem Augenblick, wo es ihm entgegentritt, entschlossen und zielbewußt an.

Im Gegensatz hierzu sind Kopf und Schreibtisch des untüchtigen Geschäftsmannes voll unerledigter Dinge: während er mit einer Sache beschäftigt ist, wälzt er bereits andere Probleme hin und her. Sein Schreibtisch ist unaufgeräumt, weil sein Kopf und sein Gemüt es ist; und umgekehrt ist sein Kopf und sein Zielwille nicht klar, weil sein Schreibtisch ohne Ordnung ist — — und so wird er mit seinen Problemen nie fertig. Er hat „keine Zeit", ist unfrei, Sklave der Arbeit und der Sorgen und bleibt im Strom des Lebens zurück, während sein Konkurrent unbeirrt vorwärtsschreitet und dabei für alles Zeit hat, was wert ist, daß man darauf Zeit verwendet — sogar und vor allem für *Gott, den Geist des Lebens und des Fortschritts.*

Wie hier, so ist es überall im Leben. Im häuslichen, sozialen und geistigen Leben gilt es wie im Wirtschaftsleben, mit dem Leben Schritt zu halten und ihm willig zu folgen, wenn man vorankommen, über den Dingen stehen und das Dasein meistern will.

Das Leben ist ein Strom, der uns unaufhaltsam vorwärtstreibt zu unseren höchsten Möglichkeiten, wenn wir bereitwillig mit ihm gehen. Dann herrschen Harmonie und Fülle.

Wehe denen aber, die sich gegen das Leben auflehnen, es *schwer nehmen* und dadurch erst *schwer machen;* sie bleiben unweigerlich zurück und müssen zusehen, wie andere, die vielleicht weniger wissen und können, aber mit den Lehren des Lebens besser fertig werden und mannhaft tapfer, gläubig und zuversichtlich vorwärtsmarschieren, zu führenden Stellungen aufsteigen!

Wehe auch denen, die meinen, das Leben müsse sich ihren Grillen und Wünschen anpassen; auch sie müssen denen Platz machen, die den Willen des Lebens erfühlen und erfüllen, der letztlich nichts anderes ist als der Wille Gottes.

Und damit komme ich zum Wesentlichen: *Das Leben ist auf allen Entwicklungsstufen eine Kette geistiger Erfahrungen und zielt eben auf diese ab.* Sein Ablauf wird von unsichtbaren Mächten und Kräften sinnvoll geleitet. Wir werden durchaus nicht von materiellen Bedingungen bestimmt oder begrenzt, sondern unterstehen geistigen Gesetzmäßigkeiten, die es zu beachten gilt, wenn wir im Leben stetig vorankommen wollen.

Mit anderen Worten: wenn wir uns nicht auf den tieferen Sinn unseres Lebens besinnen und ausrichten, wenn wir uns nicht bewußt für höhere Zwecke, Aufgaben und Verantwortungen vorbereiten, können wir nicht aufsteigen und von den Gelegenheiten, die das Leben bietet, den bestmöglichen Gebrauch machen. Noch deutlicher: worauf es ankommt, ist, daß wir beständig innerlich wachsen und fortschreiten. Der äußere Fortschritt und Aufstieg folgt dann von selbst. Umgekehrt geht es nicht.

Leben ist Entwicklung, und wir können nur mit ihm Schritt halten, indem wir uns innerlich entfalten und höherentwikkeln. Tun wir das, dann entdecken wir, daß sich uns mehr Gelegenheiten aufdrängen, als wir überhaupt ergreifen können, und daß jede Gelegenheit Fingerzeige enthält, die uns sagen, was wir zu tun haben.

Das heißt praktisch, daß wir beständig unseren Horizont zu erweitern streben, für neue Ideen aufgeschlossen bleiben und bereit, neue Fähigkeiten und Kräfte aus uns zu entfalten. Hand in Hand damit geht die Entwicklung unseres Charakters, so daß der Aufschwung in unserem äußeren Leben sozusagen zum Ausdruck und Gradmesser unserer wachsenden Charakterstärke wird. Anders ist dauernder Erfolg und wirkliche Befriedigung nicht möglich. Denn es gehört nun einmal ein festerer Charakter dazu, eine höhere Stellung erfolgreich auszufüllen. Fehlt diese Charakterfestigkeit, dann wirkt die höhere Stellung demoralisierend und geht bald wieder verloren.

Wer das erfaßt hat und dem Leben vertraut, der weiß andererseits auch, *daß keiner vom Glück ausgeschlossen ist,* daß vielmehr jeder so hoch steigen kann, wie er will; denn das Leben zieht alles Lebendige unaufhaltsam zu höheren

Zuständen und Stufen empor und gibt jedem genau das, wofür er *reif* geworden ist — nicht mehr und nicht weniger.

Wer das begriffen hat, hat auch das *große Lebensziel* erkannt, das darin besteht, daß wir Gott finden, den Geist des Lebens, und mit ihm *eins* werden. Das bedeutet durchaus nicht, daß wir Geschäft, Beruf und Arbeit aufgeben und ein Mönchsleben führen. Wir finden Gott nicht, indem wir das Leben verneinen und uns von ihm abkehren, sondern nur, indem wir es bejahen und meistern. Und wir meistern es nur, indem wir uns selbst überwinden — unsere Schwächen und Unzulänglichkeiten, Schwierigkeiten und Hemmungen — und im Gleichschritt mit dem Leben die Liebe Gottes spüren, die unsichtbar hinter allem Geschehen am Werke ist.

Wir werden alle vom Leben in die Schule genommen, um wahrhaft Gottes Kinder zu werden, d. h. Erben der Fülle des Lebens, die über die Dinge und Güter der Erde herrschen. Wie können wir kleinmütig werden mit einem solchen Ziel vor Augen, zumal wir die Schule des Lebens erst zum Teil durchschritten haben!

Viele Lebensklassen liegen noch vor uns. Wir kennen noch nicht die Fülle, die auf uns wartet; aber wir fühlen schon jetzt, daß wir über alle Kraft und Weisheit verfügen, um jede Schwierigkeit zu besiegen und zu den Höhen des Lebens aufzusteigen — in dem Bewußtsein, das den Apostel stark machte: „Ich vermag alles durch Christus, der in mir ist!" Denn Christus ist in uns und macht alle Dinge möglich.

Wenn wir uns auf unserem Wege durchs Leben täglich auf diese Wahrheit besinnen, werden wir mitten in der Vergänglichkeit des Körperdaseins mit dem Bewußtsein unserer Unsterblichkeit erfüllt und empfangen die Krone des Lebens, die uns nie mehr geraubt werden kann. Wir spüren dann schon hier und jetzt den Abglanz jener Herrlichkeit, die uns erwartet und zu der das Leben uns emporleiten will.

Wir erleichtern uns das Schritthalten mit dem Leben, indem wir täglich in die Stille gehen, die Berührung mit dem

Wirklichen und Ewigen suchen und uns von innen her leiten lassen. Jedesmal, wenn wir uns in Stille und Schweigen zu Gott wenden und in Einklang mit dem Ewigen kommen, fällt ein Teil unserer Schwächen und Unvollkommenheiten von uns ab, während die göttliche Kraft in uns wächst und uns das Fortschreiten im Leben, das Schritthalten mit dem Leben, das *Leben aus der inneren Kraft,* immer leichter macht.

LEBEN AUS DER INNEREN KRAFT

Im vorigen Kapitel hatte ich dargelegt, daß es gelte, mit dem Leben Schritt zu halten und mit ihm zusammenzuarbeiten, wenn man wirklich erfolgreich sein und den Zustand der Harmonie und Fülle statt zur Ausnahme zur Regel machen will.

Hier könnte nun jemand fragen: *„Wie sollen wir denn das fertig bringen, wenn doch das Leben immer schwerer wird?"*

Die Antwort hierauf habe ich in meinem Buch *„In Dir ist die Kraft!"*)* gegeben, wo ich von einer Macht sprach, die nicht aus dem vergänglichen Ich kommt und zu der doch jeder gelangen kann, weil jeder sie in sich trägt.

Heute möchte ich nun zeigen, wie man es anfängt, aus dieser inneren Kraft zu leben und mit ihrer Hilfe das Dasein zu meistern.

Die *innere Kraft,* von der ich spreche, ist *die Kraft Gottes in uns.* Sie kann uns nicht zuteil werden, solange unser Geist in einem Zustand der Spannung und Tätigkeit ist. Wenn wir mit der inneren Kraft in Verbindung kommen, von ihr erfüllt sein, mit ihrem Beistand im Daseinskampf siegreich bleiben und in Harmonie, Frieden und Fülle leben wollen, müssen wir lernen, uns zu lockern, uns zu *entspannen,* uns

---

*) *„In Dir ist die Kraft!* Grundlagen einer neuen Lebenskunst."

ganz zu lassen, ruhig zu werden, uns dem göttlichen Leben in uns *hinzugeben,* damit es durch uns und für uns wirken kann.

Edward *Carpenter* meint das gleiche, wenn er dem rast- und friedlosen Gegenwartsmenschen rät, „das freudlose Jagen des Gemüts einzustellen", weil das Glück erst zu uns kommen kann, wenn wir zu uns selbst gekommen sind, wenn wir still geworden sind.

Wir müssen das bisherige Leben mit seinen Ängsten, Sorgen, Plänen und Lasten gewissermaßen erst von uns abstreifen, bevor wir zum wirklichen Leben, zum *Leben aus der inneren Kraft* gelangen können. Erst wenn wir durch den Zustand der Entspannung und völligen Hingabe gegangen sind, fängt die innere Kraft, die Kraft Gottes in uns, an zu wirken. Vorher kann sie es nicht. Aber wenn die Hingabe vollzogen ist, wird sie immer fühlbarer. Wir gewahren dann bald, daß die innere Kraft unser Bestes wirkt und uns Schritt um Schritt höher führt.

In den Anfangsstadien ist es für die meisten nötig, Gott um gewisse Dinge zu bitten. Aber schon hier gibt es mancherlei Zwischenstufen. Es ist z. B. schon ein Zeichen inneren Fortschritts, wenn wir statt um ein leichtes und bequemes Leben um *mehr Kraft* zur Überwindung der Schwierigkeiten bitten.

Noch größer ist der Fortschritt, wenn wir überhaupt *aufhören, um bestimmte Dinge zu bitten,* und nur noch beten, daß *Gottes vollkommener Wille geschehen möge* und wir von innen her recht geleitet werden. Auf dieser Stufe lächeln wir über uns selbst, daß wir Gott kundgeben wollten, was wir durch ihn getan haben möchten, da doch seine Liebe und Weisheit alles zu unserem Besten lenkt.

Solange man diese höhere Stufe des Lebens aus der inneren Kraft aber noch nicht erreicht hat, bedarf man des Gebets um Hilfe von oben.

Manche erreichen einen hohen Grad in der Fähigkeit, durch

rechtes Denken und Beten ihre Wünsche zu verwirklichen und zu einem Leben des Erfolgs und der Fülle zu gelangen. Wenn sie aber Gott wirklich suchen, kommt ein Zeitpunkt in ihrem Leben, an dem alle ihre Gebete ‚unbeantwortet‘, alle ihre Wunschbejahungen unerfüllt bleiben. Das ist ein Zeichen dafür, daß sie an der Schwelle der nächsthöheren Stufe angelangt sind und der Hilfsmittel der ersten Stufe nicht mehr bedürfen!

So schrieb mir einmal ein herzensguter Mensch, daß er um bestimmte Dinge gebetet habe, aber im Gegensatz zu früher vergeblich auf Erfüllung warte, was ihn sehr beunruhige.

Ich konnte ihm klarmachen, daß kein Grund zur Beunruhigung sei, da er *am Ende der ersten Stufe des ‚inneren Wachstums‘ angelangt* sei und der üblichen Gebete und Bejahungen nun nicht mehr bedürfe. Er sei bereits so innig mit Gott verbunden, daß er nur noch zu bitten brauche, daß Gottes Wille, Gottes Plan in seinem Leben wirksam und sichtbar werde und daß er von innen her geleitet werde.

Unser Leben *ist* bereits vollkommen; um das zu erfahren, gilt es, uns gänzlich der inneren Führung anheimzugeben und die innere Kraft durch uns wirken zu lassen.

Es gilt also *zwei Entwicklungsstufen* zu unterscheiden: die erste ist die des Kampfes und der Tat, des Gebets und der Bejahung. Die *zweite ist die des Lassens und Gewährenlassens der inneren Kraft,* wodurch wir der göttlichen Vollkommenheit gestatten, in Erscheinung zu treten.

Auf der ersten Stufe wirken *wir* durch die Kraft in uns; auf der zweiten lassen wir die *Kraft selbst* auf ihre eigene vollkommene Art und Weise wirken.

Auf der ersten Stufe gehen wir wagend und handelnd vorwärts; auf der zweiten lassen wir uns — und das ist das größere Wagnis! — gänzlich von innen her leiten mit dem Ergebnis, daß Harmonie, Friede und Ordnung in unser Leben einziehen. Diese zweite Stufe unseres inneren Wachstums ist die höhere und schwierigere, und man kann auf dieser

Stufe so viel lernen, daß die meisten dafür den Rest ihres gegenwärtigen Daseins benötigen werden. —

*

Der heutige Mensch gerät mehr und mehr in den Strudel äußerlicher Betriebsamkeit, die ihm immer weniger Zeit zum Atmen, zur Selbst-Besinnung läßt. Infolgedessen erschöpfen sich seine Nerven vorzeitig in der Hetzjagd des Lebens. Solange er sich aber gehetzt und gejagt fühlt, übermüdet und beunruhigt, lebt er weder aus der inneren Kraft noch in Harmonie mit dem göttlichen Willen.

Aus diesem Teufelskreis kommt er nur heraus, wenn er den Blick auf das Ewige richtet und erkennt, daß *der* dieser Hetzjagd nicht bedarf, der aus der inneren Kraft lebt und auf Wegen der Ewigkeit wandelt.

Um das nüchterner zu sagen: alles, was die göttliche Fürsorge und Weisheit für uns bereit hält, können wir erlangen, wenn wir den Weg der Hast, Anstrengung und Glücksjagd verlassen, uns nach innen wenden und uns einfach der inneren Führung anheimgeben. Alles ist auf dem rechten Platz, alles geschieht zur rechten Zeit, alles dient unserm Besten, wenn wir so handeln und damit der Hetzjagd ein Ende machen . . . Wir erreichen dann ohne Mühe, was der gehetzte Alltagsmensch bei aller Mühe nicht erreicht.

Nichts ist schädlicher als die *Tempo-Besessenheit* der heutigen Menschheit. Von einem bekannten Wissenschaftler wurde erklärt, der Mensch werde eines Tages fähig sein, sich mit der Geschwindigkeit des Lichts zu bewegen und wie den *Raum* so auch die *Zeit* zu besiegen, also die Zukunft rascher heranzuholen, die Welt von Vorgestern wie die Welt von Übermorgen — die des Jahres 2000 oder des Jahres 12500 — schon heute zu erleben. Wenn dies technisch möglich würde, bliebe die Frage, ob es für die Menschen ein Segen oder ein Fluch wäre. Was wäre mit der Zeitmaschine gewonnen.

Im übrigen hat es zu allen Zeiten Menschen gegeben, die sich durch bewußte Entfaltung der höheren seelischen Kräfte über die Grenzen der Raum- wie der Zeit-Gebundenheit hinauszuschwingen vermochten, für die der Raum zu nichts zusammenschrumpfte und für die die Verheißung des Engels in der Offenbarung Johannes 10, 6 Wirklichkeit ward, daß „hinfort keine Zeit mehr sein soll" — — weil sie sich aus der dreidimensionalen Welt der Räumlichkeit und Zeitlichkeit in die *höherdimensionale Welt der Ewigkeit* hinüberschwangen, in der Vergangenheit, Gegenwart und Zukunft zum ewigen JETZT zusammenfließen.

Die Yogis und Meister des Ostens haben das ebenso vermocht wie die Mystiker des Abendlandes. Man gelangt dazu nicht durch äußere Anstrengungen oder technische Mittel, sondern nur dadurch, daß man mit seinem Bewußtsein zum Anfang aller Dinge zurückkehrt und *sich in den unbewegten Mittelpunkt alles Seins und Geschehens hineinsenkt.*

Aber das ist eine noch höhere Stufe des inneren Lebens, die die meisten heute noch nicht zu erringen imstande sind. Hingegen kann jeder lernen, aus der inneren Kraft zu leben, sich von innen her leiten zu lassen und so auf seine Weise am Ewigen teilzuhaben. Er kann sich in das Göttliche versenken, und wenn er dies immer wieder tut und *übt,* kann er das Unmögliche möglich machen und das, was über die menschliche Kraft hinausgeht, zur Tat werden lassen.

So mancher hat die Erfahrung gemacht, daß er mit herkulischer Kraftanstrengung monatelang schaffte, bis er am Rande der Erschöpfung angelangt war, ohne das zu erreichen, wonach er so heiß strebte. Als er dann alles ließ, sich von sich selbst zurückzog und sich ins Ewige versenkte, *da fiel ihm das Ersehnte von selbst in den Schoß.* Nun auf einmal ging alles glatt und leicht vonstatten, ohne unnötige Anstrengung und Mühe, sozusagen von innen her. Er hatte gelernt, daß die *Stille wirksamer sein kann als alle Betriebsamkeit.*

Machen wir uns das lebendig bewußt!

Wenn wir uns in Stille und Schweigen ins Göttliche versenken — und diese Versenkung oder *Kontemplation* ist *die dritte Stufe des inneren Wachstums* und die höchste Form des Gebets! —, gelangen wir zur Quelle aller Kraft und aller Erscheinungen.

Heute gelingt diese Kontemplation den meisten nur unvollkommen; aber künftige Generationen werden sich hierin zweifellos vervollkommnen, so daß der Mensch sich mehr und mehr nach dem göttlichen Urbild und Vorbild umformen wird.

Solche Vollkommenheit wird nicht durch intellektuelle und technische Fortschritte erreicht — obwohl damit weder Intellekt noch Wissenschaft und Technik beiseitegeschoben werden sollen! —, sondern allein durch Kontemplation und Meditation, durch immer tiefere Einsenkung in den göttlichen Urgrund unseres innersten Wesenskernes.

Kontemplation, die Versenkung ins Göttliche, wird sich im Laufe der menschlichen Entwicklung immer mehr als das Allheilmittel für alle Disharmonien, Wirrnisse und Schwierigkeiten des Daseins erweisen. Wir haben schon gelernt, daß wir, wenn wir ohne Meditation tätig sind, uns zumeist vergeblich abmühen, während wir mit ihrer Hilfe das anscheinend Unmögliche vollbringen können. Ebenso können wir, wenn Angst oder Sorge uns überfallen, diese bannen und wirkungslos machen, indem wir uns der Macht in uns willig hingeben, die ewig und unvernichtbar ist und alles in Ordnung bringt.

Somit handelt der unweise, der sagt, er habe keine Zeit zur Meditation und Kontemplation. Wenn er sich einmal die Zeit dazu genommen hat, entdeckt er beglückt, daß er jetzt bei immer geringerem Zeit- und Kraftaufwand immer mehr und besseres leistet und daß sein Leben zunehmend leichter wird. Durch Meditation und Kontemplation bringen wir nicht nur Ordnung in unser inneres und äußeres Leben und kommen dem göttlichen Vorbild näher — denn wir werden dem ähnlich, in das wir uns versenken! —, sondern wir finden auch die Kraft in uns, das Leben jederzeit zu meistern.

Wir haben dann gar nicht mehr den Wunsch, daß unser Leben geändert werde, sondern nur noch das Verlangen, *daß wir selbst geändert werden, um unser Leben in einem neuen Geiste siegreich zu vollenden.*

Hier mag mir einer entgegenhalten, daß Kontemplation unmöglich sei, weil er es bereits ohne Erfolg versucht habe.

Wer so spricht, gleich dem Manne, der versuchte, Violine zu spielen, und es nicht fertig bringt, weil er es *nicht gelernt* und *geübt* hat. Kontemplation ist jedem möglich, auch wenn sie anfangs nicht leicht fällt. Sie muß eben beharrlich geübt werden, und vorher muß man lernen, die Gedanken zu beherrschen. Mit anderen Worten: die Übung der Entspannung, Konzentration und Meditation muß der Kontemplation vorausgehen.

Wem die Kontemplation heute noch nicht gelingt, der übe jene Form des Gebets, die seiner gegenwärtigen Entwicklungsstufe gemäß ist, und suche, es darin zur Meisterschaft zu bringen. Er wird dann von selbst zur nächsthöheren Stufe hinüberwechseln.

Wir müssen nacheinander alle Stufen des inneren Wachstums durchschreiten und müssen es auf jeder Stufe zur Meisterschaft gebracht haben, bevor wir zur nächsthöheren aufsteigen können.

Aber wo immer wir stehen: wenn wir den Blick auf Gott richten und ihm vertrauen, werden wir rascher voranschreiten und die Schwierigkeiten jeder einzelnen Entwicklungsstufe leichter überwinden. Eben darum ist es so wichtig, daß wir uns täglich genügend Zeit nehmen, um uns in Stille und Schweigen der göttlichen Quelle zu nähern und aus der inneren Kraft zu· leben, und daß wir immer wieder darauf bedacht sind, uns von innen her leiten und Gott durch uns wirken zu lassen. Dann lernen wir etwas, was die seelisch noch

Unerwachten für unmöglich halten, nämlich: auch am Widerstand und *um die Kraft des Widerstands zu wachsen.*

WACHSEN UM DIE KRAFT
DES WIDERSTANDS

Es tut nichts zur Sache, mit welchen Fehlern und Schwächen wir behaftet sind oder wieviel Fehlschläge wir erlitten haben: das Leben ist eine Gelegenheit, sie zu überwinden und uns erfolgreich durchzusetzen. Je mehr Schwächen und Hindernisse wir zu überwinden haben, desto größer ist der Sieg und die Befriedigung über den schließlichen Erfolg — wenn wir es nur richtig anfangen und dem Leben mit der rechten Einstellung gegenübertreten.

Und welches ist hier das *Geheimnis des Erfolgs?* Es besteht darin, daß wir den Erfahrungen des Lebens — wie immer sie auch aussehen mögen — nicht ausweichen, sondern sie *als Gelegenheiten zum Wachsen und Stärkerwerden bejahen und durchstehen.*

Durch jeden Versuch, Schwierigkeiten auszuweichen, schwächen wir nämlich uns selbst und machen es uns schwerer, sie zu meistern. Treten wir ihnen aber mutig entgegen, so werden wir finden, daß sie gar nicht so schlimm sind und vor allem niemals stärker als wir selbst! Mit dieser inneren Einstellung bewirken wir, daß uns jede Erfahrung zum Segen wird.

Jeder, der im Leben Erfolg hatte, hat aus seinen Fehlern und Mißerfolgen eine Leiter gemacht, auf der er zu seinen späteren Erfolgen emporstieg. Noch nie aber hat jemand das Leben gemeistert, der vor Schwierigkeiten davonlief und auf günstigere Umstände wartete.

Ich denke da an einen bekannten Wirtschaftsführer, der durch eigene Kraft vom einfachen Grubenarbeiter zu einer der höchsten Stellungen im Kohlenbergbau aufstieg: er hat sich

diese Stellung durch zähe Arbeit und hartnäckiges Durch-
halten errungen, dadurch, daß er stets der Erkenntnis folgte:
„Die alte Frau Sorge kann immer niedergerungen werden."
Ihm war aufgegangen, daß, wenn man nur durchhält, die
„alte Frau Sorge" schließlich nachgibt. Er hatte das Geheimnis des Wachsens um die Kraft des Widerstands begriffen,
entsprechend gehandelt und so den Erfolg an sich gekettet.

Jedem werden in der Schule des Lebens die seiner Reife-
stufe entsprechenden Aufgaben gestellt. Sie scheinen oft unendlich schwer zu sein, schier unlösbar. Und doch übersteigen
sie nie unsere Kraft. Wenn wir nur hartnäckig standhalten
und nicht nachgeben, kommen wir über das Hindernis hinweg und erleben die Freude des Sieges. Für den, der durchhält, erweist sich jede Schwierigkeit als lösbar. Bedenken wir
darum stets: „Die alte Frau Sorge kann immer niedergerungen werden."

Mit dieser Erkenntnis geht eine weitere einher, die wir
dem Amerikaner Philipps Brookes verdanken: *„Bittet nicht
um ein leichtes Leben, sondern bittet um das Wachstum eurer
Kraft!"*

Hier liegt ein Schlüssel zum Lebenserfolg: es gilt, den
Problemen, die das Leben stellt, nicht ängstlich auszuweichen,
sondern ihnen mutig ins Auge zu sehen, jede Herausforde-
rung des Lebens anzunehmen und zu allen Erfahrungen, die
sie mit sich bringt, Ja zu sagen. Tun wir es, dann erleben wir
hinterher jedesmal, daß wir um die Kraft des Widerstands,
den wir durch unser positives Verhalten meisterten, gewach-
sen sind.

Wir ärmlich ist das Dasein dessen, der die Herausforde-
rung des Lebens nie annahm, sondern stets den Weg des ge-
ringsten Widerstandes einschlug. Wie siegreich und bedeu-
tungsvoll ist demgegenüber das Leben derer, die die Widerstände als *Kräftewecker* werteten und sie durch mutiges
Standhalten meisterten!

Einer der verhängnisvollsten Irrtümer aller, die am Leben

scheiterten, ist der, daß sie das Leben als schlecht ansahen, als eine feindliche Macht, der man am besten weit aus dem Wege geht. In Wirklichkeit ist das Leben immer gut und hilfreich und seine Erfahrungen, mögen sie aussehen, wie sie wollen, sind nützlich und förderlich.

Wenn eine Erfahrung unerfreulich aussieht, so nur, weil wir nicht tief genug blicken. Der Weise erkennt selbst im Schlimmsten eine verkleidete Segnung. Und er hat Recht, weil man durch rechtes Verhalten auch die übelste Erfahrung in eine Segnung verwandeln kann.

Schlimm und leidvoll bleibt eine Situation nur, solange wir uns falsch verhalten und sie ängstlich fliehen. Bei solcher Einstellung ist kein Sieg möglich. Wenn wir uns jedoch positiv verhalten, das Leben mit allem, was es bringt, *bejahen*, den Widerständen mit der Gewißheit des Erfolgs entgegentreten und nicht nachgeben, bis sie überwunden sind, dann gewinnen wir die Kraft, die Schwierigkeit zu meistern.

Ja, unsere Kraft *wächst* fühlbar um die jedes Widerstandes, den wir überwunden haben. Und im gleichen Maße wird unser Leben leichter, während es um so schwerer wird, je ängstlicher wir vor Widrigkeiten zurückweichen.

Statt also mit dem Schwächling zu jammern: „Ach, wenn doch nur die Verhältnisse günstiger wären und mein Leben leichter!", wollen wir uns an positives Verhalten gewöhnen und mit Paulus bejahen: *„Ich vermag alles durch den, der mich stark macht, Christus!"* Weil, wie Paulus an anderer Stelle sagt, „Christus in uns ist, die Gewißheit der Herrlichkeit", eben deshalb können wir alle Dinge durch den Christus in uns tun, der uns die Kraft des Überwindens gibt, die sich als um so stärker erweist, je gelassener und siegüberzeugter wir allen Gefahren entgegentreten.

Es ist wohl nicht nötig, hier noch Beispiele dafür zu geben, wie große Menschen den Stürmen des Lebens standhielten und eben dadurch ihr Schicksal meisterten. Nur zwei weniger bekannte Fälle seien erwähnt:

Ich denke an Isabel *Fowler,* die als hilfloser Krüppel mit schwacher Lebenskraft einen „Optimisten-Kalender" herausgab, der in den angelsächsischen Ländern von Jahr zu Jahr an Verbreitung gewann, alljährlich Tausenden Hilfe und Segen brachte und die Herausgeberin selbst über alle Körpernot weit hinaushob.

Und ich denke an einen Mann, der noch schlimmer daran war, als Krüppel sein Leben lang wie ein Kind getragen werden mußte und bei alledem noch stocktaub war: Norman *Buss,* der als „Onkel Robin" das beliebte „Blue Bird Magazin" für Kinder herausgab, einen „Sonnenscheinklub' gründete und in diesem Werk über sich selbst und sein Schicksal hinauswuchs. Er ging auf in dem Werk, andere glücklich zu machen und sie zur Lebensbejahung und Lebensfreude hinzuführen, und schuf so selbst sein Glück!

So wohnt in jedem von uns eine Kraft, die nur darauf wartet, daß wir sie durch Bejahung betätigen und uns von ihr zum Sieg führen lassen. Es ist unmöglich, erfolglos zu bleiben, wenn man diese Kraft vertrauensvoll wirken läßt. Das einzige Hindernis, das uns Halt gebietet, ist unser Zweifel und Unglaube, Angst und Kleinmut. Wenn wir glauben, daß uns alle Dinge möglich sind, dann sind sie möglich!

Wenn Du bisher zu denen gehörtest, die sich durch die Widrigkeiten des Lebens entmutigen ließen, dann fasse Vertrauen! Das Leben wartet darauf, Dich glücklicher und reicher zu machen, wenn Du nur Deinen Kleinmut zu überwinden und die *Kraft in Dir* anzurufen lernst, die aus Gott kommt.

Du kannst eben jetzt, wo Du diese Zeilen liest, damit beginnen, zu den Höhen der Vollendung aufzusteigen, wenn Du die Furcht als etwas, was Deinem innersten Wesen fremd ist, von Dir abstreifst und Dich gewöhnst, das Leben zu bejahen mit allem, was es bringt, und jeder Schwierigkeit mit dem gelassenstimmenden Bewußtsein dessen entgegenzutreten, der weiß: „Ich vermag alles durch Christus, der in mir ist und mich stark macht!"

Wenn Du vor einer bedrohlichen Situation stehst und Deine Gedanken, von der Angst gepeitscht, in Aufruhr geraten, dann laß alles liegen, gehe in die Stille und werde Dir im spannungslosen Schweigen des Herzens bewußt, *daß die Kraft Gottes in Dir mächtiger ist als jede Not und Gefahr.* Überlasse Dich dieser Kraft, sprich ihr Dein Vertrauen aus und gehe in diesem Vertrauen ans Werk, als ob die Not schon überwunden wäre. Mit dieser inneren Umstellung auf den Sieg, der Dir sicher ist, leistet Du etwas Großes und Wunderwirkendes:

Du bewirkst dadurch, daß die Schwierigkeit schwindet, und erfährst, daß Deine Kraft um die des Widerstandes wächst. Schrecke also nicht mehr vor Schwierigkeiten zurück, suche ihnen nicht auszuweichen, sondern bejahe sie als etwas, was Du zu meistern fähig bist — — und Du wirst Dich bald auf der anderen Seite der Not sehen — als einer, der die Not bezwang, weil er nicht mehr auf die Schwierigkeit blickte, sondern auf seine überlegene Kraft und auf die liebende Hilfe des Ewigen.

DIE LIEBE DES EWIGEN

„Mitten im Schweigen wurde in mir das geheime Wort gesprochen." Was der Mystiker damit meint, ist *das Wort des Ewigen, des unendlichen Geistes der Liebe,* der in uns wohnt, wie wir in ihm.

Laßt mich von dieser Liebe künden, die nie versagt und uns nie vergißt, auch wenn wir ihrer noch nicht immer bewußt sind, und davon, wie wir Gott, den Geist der Liebe, mitten in unserem Alltagsleben finden.

Das Leben ist der beste Lehrer des Menschen, und es gibt keine Erfahrung, in der er Gott nicht finden oder der Liebe des Ewigen nicht bewußt werden könnte. Jede Erfahrung im Leben kann uns, recht gewertet, zum Segen werden oder zu einer Stufe zu höheren Zuständen.

Im normalen Lebensablauf sind Sonnenschein und Schatten ziemlich gleichmäßig verteilt. Zeiten, in denen es uns gut geht, wechseln mit solchen, in denen die Schwierigkeiten sich zu häufen scheinen. Zeiten, in denen wir die Nähe des Ewigen spüren, folgen anderen, in denen Gott uns fern scheint. Gewiß ist beides notwendig, und die *Zeiten der Dürre sind,* recht gesehen, *sogar die wertvolleren,* denn in ihnen lernen wir die Liebe des Ewigen vollkommener kennen und kommen Gott am nächsten. In solchen Zeiten kann uns am deutlichsten bewußt werden, daß die Liebe Gottes stets mit uns ist und uns nie verläßt.

Nun leben aber sehr viele im Schatten, die durchaus im Sonnenschein leben könnten. Wir sind alle von Licht und von Schönheit umgeben, die wir nur nicht beachten. Unsere Lebenserfahrungen sind voller Segnungen, die wir übersehen und von denen wir eben darum keinen Gewinn haben.

Wenn wir dieser Tatsache bewußt wären und mehr die lichte Seite des Lebens bejahen würden, würden wir alle weit glücklicher sein, als wir es heute sind, und frei von vielen Sorgen und Bedrückungen, die uns heute quälen. Gewöhnen wir uns daran, so zu denken und uns von Herzen des Lebens zu freuen, dann finden wir täglich mehr Grund zum Freuen.

Noch glücklicher wird der, der in der Stille darum bittet, daß nur Gottes Wille geschehen möge. Durch die bewußte Hingabe an den Liebeswillen des Ewigen gelangt er endgültig auf jenen *Weg zur Vollendung,* den die Heiligen und Mystiker aller Zeiten gegangen sind.

Von da an erweisen sich ihm alle Lebenserfahrungen als geistige Erfahrungen und Unterweisungen, von denen ihn jede auf seinem Wege zur Höhe fördert, weil sie sein Wesen verwandelt, durchlichtet — bis es zum reinen Spiegel des Wesens Christi geworden ist.

Es genügt also nicht, die Macht der Gedanken nur zur Wandlung des äußeren Menschen und des äußeren Lebens zu betätigen; es gilt darüber hinaus, *auch den inneren Menschen und das innere Leben von Grund auf zu erneuern.* Und dazu ist es nötig, daß wir uns ganz dem Willen des Ewigen hingeben, uns von seiner Liebe getragen fühlen und uns von seinem Geiste leiten lassen.

Jemand kann ein Meisterpsychologe sein und durch rechtes Denken, Verhalten und Tun außergewöhnliche Erfolge erzielen. Sie bedeuten nichts, weil er trotzdem erdgebunden und unfrei bleibt, solange er sich nicht der Liebe des Ewigen überläßt — jener Macht, die größer ist als alle menschliche Macht — und solange er sich nicht vom Geiste leiten läßt und sein Denken und Wollen nicht in Harmonie bringt mit dem Wesen und Wollen des Christus in ihm.

„Die einzige Rettung" — sagt Wilhelm Law, „ist ein Leben aus der Kraft Gottes in uns." Denn vom Ich aus vermögen wir uns nicht zu den göttlichen Höhen des Lebens zu erheben; mit der Hilfe Gottes in unserer Seele aber werden wir wie mit Adlerfittichen emporsteigen.

Hierzu genügt es aber nicht, daß wir uns einwärtswenden, uns in stillen Stunden dem Ewigen hingeben und seinen Willen in uns wirken lassen, sondern wir müssen den Ewigen und seine unendliche Liebe auch in den Geschehnissen und Erfahrungen unseres *täglichen Lebens* erkennen und bejahen. Nur auf diese Weise werden wir zu der Erkenntnis finden, daß das Reich Gottes ‚mitten unter uns' ist und *wie* unser Leben von innen her durchsonnt und verklärt wird.

Wenn wir unsere täglichen Lebenserfahrungen bis ins letzte und kleinste als *gott-gewollt* und darum als *gut* ansehen, dann werden sie für uns zu Gelegenheiten, Gott in allen Erfahrungen und seine Liebe in jedem Geschehen zu erkennen.

Wir erleben dann in immer höherem Maße, wie sehr unser Dasein unter dem Gesetz der göttlichen Ordnung und Liebe steht und wie sehr uns immer wieder geholfen wird — und zwar um so mehr, je rückhaltloser wir uns als Kinder des Ewigen bejahen und der Liebe des Ewigen vertrauen.

131

Wenn einer schlechte Erfahrungen im Leben macht, so liegt das zur Hauptsache daran, daß er noch nicht tief genug von der Wahrheit durchdrungen ist, daß ihm in Wirklichkeit ‚nichts geschehen kann‘. Schlechte Erfahrungen zeigen, daß sein Vertrauen auf die Liebe und Hilfe des Ewigen noch lange nicht fest genug in seiner Seele wurzelt. Denn je restloser unser Vertrauen, desto heilvoller und glücklicher wird unser Leben.

Ist unser Vertrauen zur Liebe Gottes vollkommen, dann offenbaren sich auch alle, wohlgemerkt: alle Erfahrungen des Lebens, die dunklen wie die lichten, als heilvolle Lehren, die unserer Erziehung und Vervollkommnung dienen und uns dem Ewigen näherbringen.

Wir sehnen uns im Grunde unseres Herzen alle danach, Gott zu finden. Am sichersten begegnen wir ihm in den Erfahrungen des täglichen Lebens, und zwar kann das so weit gehen, daß wir uns der Gegenwart Gottes bei unserer täglichen Arbeit lebendiger bewußt werden als in den Übungen der Stille und Meditation.

Es gilt, in jedem Ding, in jedem Erlebnis, in jedem Zustand die Nähe Gottes zu spüren, bis schließlich nur noch Gott und sonst nichts für uns wirklich ist. Wenn wir so handeln, erleben wir Gott immer deutlicher als den *Geist der Liebe* — einer Liebe, die ewig nur unser Bestes will — und gehen den uns bestimmten *Weg des Lichts*.

DER WEG DES LICHTS

Jeder kennt das Wort aus den Sprüchen Salomos (4, 18): *„Der Weg der Rechttuenden glänzt wie das Licht, das immer heller leuchtet, bis der volle Tag da ist.“* Das entspricht der gemeinsamen Erfahrung aller, die zur Wahrheit gefunden haben, zum Neuen Geiste: während vorher ihr Weg immer dunkler, ihr Leben immer trüber und sie selbst von Jahr zu

Jahr pessimistischer wurden, wird ihr Weg jetzt zunehmend heller, bis die Fülle des Lichts des Reiches Gottes sie umgibt.

Es scheint schwer, den Wahn, daß ‚das Leben mit den Jahren schwerer werde‘, aus dem Bewußtsein der Menschen auszumerzen. Die meisten sind Sklaven der Vorstellung, daß der Jugend alle Lebenswerte gehören und daß unser Weg, wenn die Jahre der Jugend verrauscht sind, zunächst langsam und dann immer steiler *abwärts* führt, bis der Abgrund des Todes uns verschlingt.

Diese durchaus irrige, im Bewußtsein der meisten Menschen tief verwurzelte Vorstellung ist eine der Hauptquellen des Pessimismus und der Verzweiflung.

Nur auf einem Wege kann man diesen Wahn mit der Wurzel ausrotten: auf dem *Wege nach innen,* dem *Weg des Lichts,* dem Weg zu Gott.

Auf diesem Wege wird unser Leben von Jahr zu Jahr heller und anziehender, reicher und schöner. Auf ihm erkennen wir, daß Freude und Schönheit, Reichtum und Glück nicht von außen her kommen, sondern dem Innern entspringen und von innen her unser Leben neugestalten.

Kein Mensch wird durch äußere Umstände unglücklich oder glücklich; in Wirklichkeit ist das äußere Leben nur ein Spiegelbild unseres inneren Lebens, der Art unseres Denkens. Das heißt: wenn wir davon ausgehen, daß das Leben trist und elend ist, machen wir die dieser Einstellung entsprechenden Erfahrungen, die wiederum unseren Pessimismus zu bestätigen scheinen und uns so ständig tiefer in Not und Verzweiflung hineintreiben. Wenn wir hingegen richtig denken, uns bewußt werden und bejahen oder auf dem Wege nach innen zu der Einsicht erwachen, *daß das Leben gut ist* und von Jahr zu Jahr lichter und schöner wird, dann werden wir die dieser Einstellung gemäßen Erfahrungen machen, die unsern Optimismus bestätigen und uns so immer höher führen.

Die Jahre spielen hierbei keine Rolle; denn unser inneres

Wesen ist ewig jung, und der Glanz der inneren Jugend teilt sich auch dem Körper mit und macht ihn zu einem lichten Gefäß des göttlichen Geistes, wenn wir einmal den Weg des Lichts betreten haben.

Die Disharmonien im Leben sind nichts als Folgen falschen, ängstlichen, zweifelsüchtigen Denkens. Damit unser Leben licht und harmonisch werde vom Mittelpunkt her bis zum äußersten Umkreis, brauchen wir nur unser *Denken* — und das heißt: unser schöpferisches Gestaltungsvermögen — in die rechte, positive Bahn zu lenken und uns an beständiges *Bejahen des Lebens* zu gewöhnen. Dann muß und wird sich unser Leben von selbst neu gestalten.

In uns ist die Kraft, uns über alle äußeren Unzulänglichkeiten zu erheben und die innerlich bejahte Vollkommenheit auch nach außen hin zu verwirklichen. Diese Kraft ist göttlicher Natur. Sie ist uns von Gott gegeben, weil Gott will, daß wir glücklich und vollkommen werden sollen, und unser Leben desgleichen. Wenn es heute noch nicht vollkommen ist, so liegt das ausschließlich daran, daß wir von den Möglichkeiten der Vervollkommnung unserer selbst und unseres Lebens bisher nicht den rechten Gebrauch gemacht und zu wenig das Gute bejaht und verwirklicht, sondern vorwiegend das Schlechte gefürchtet und damit herbeigezogen haben.

Gott will immer unser Bestes. Es ist eine Frage der inneren Reife und des geistigen Sehvermögens, ob wir das erkennen und das Gute, das täglich auf uns zu kommt, dankbar ergreifen, oder nicht.

Alles hängt also davon ab, ob wir uns bewußt den *Weg des Lichts* gehen sehen, der immer höher führt, oder ob wir noch *im Dunkel* tappen und dann naturgemäß schwarz sehen und jammern: „Alles Leben wird vom Leid beherrscht; Krankheit ist des Menschen Los; keiner, dessen Sterne nicht schlechte Aspekte zeigen!" — Wer so denkt, *macht* sich zum Spielball des Schicksals, statt es zu beherrschen. Er übersieht, daß er Erbe einer Macht ist, die größer ist als das Schicksal und die äußeren Umstände, größer als ererbte Krankheit, Schwäche, Armut, Elend und Schwierigkeiten jeder Art!

Das Leben ist gut! Wenn wir dies erkennen und bejahen, betreten wir unweigerlich den Weg des Lichts und bewirken, daß unser Leben allmählich die Gestalt annimmt, die wir ihm in unseren Gedanken geben. —

Das große Hemmnis für viele Christen ist, daß sie sich nicht vorstellen können, daß es Gottes Wille ist, daß sie glücklich seien, ihr Leben vernünftig genießen und immer vollkommener werden. Sie meinen, dies sei zu schön, um wahr zu sein; so zu denken, sei unrecht.

Solchen Menschen möchte ich die Augen öffnen, daß sie die schicksalgestaltende Macht ihrer Gedanken erkennen und einsehen, daß Gott — wie der Neugeistlehrer Mulford*) sagt — der *Unendliche Geist des Guten* ist, daß das Leben gut ist, daß Gottes Wille und unsere Bestimmung die Vollkommenheit ist und daß es eben dies ist, was Jesus verkündete. Aber viele wollen nicht wahr haben, daß Gott der Geist der Liebe, des Friedens und der Fülle ist, daß unser Leben nach Seinem Willen aus der Dunkelheit der Nichterkenntnis und des Leides auf dem Wege des Lichts ständig aufwärts führt, bis wir den strahlenden Mittag der Vollkommenheit erreicht haben.

In einer Welt, die voll Trübsal und Elend scheint, werden Optimisten leicht als unangebracht empfunden. Nun, der größte Optimist ist *Gott,* weil er *weiß.* Auch wir können und sollen Optimisten sein durch unseren *Glauben,* der uns befähigt, die Wahrheit zu erfassen, also das, was Gott weiß: daß das Universum von Freude und Licht erfüllt ist, daß alles gut ist und daß unser Leben, wenn wir dessen bewußt sind, von Jahr zu Jahr lichter und schöner wird. —

Wenn wir den Weg des Lichts bewußt betreten, gelangen wir auf ihm früher oder später in einen Zustand erweiterten Bewußtseins. Wir durchschreiten eine Erleuchtung, in der das

---

*) Siehe K. O. Schmidt „*Einer — der es wagt!* Leben und Werke von Prentice Mulford".

Überbewußtsein in uns erwacht. Es ist möglich, dies Überbewußtsein, das in uns schlummert, planmäßig zu entwickeln, so daß es uns schließlich leicht fällt, uns mit dem Unendlichen und Ewigen zu verbinden. Denn das Überbewußtsein in uns ist der Teil unseres Wesens, der der geistigen Wirklichkeit angehört. Durch ihn wissen wir, durch intuitives Erkennen, um Wahrheiten, die dem Verstand unfaßbar bleiben. Durch ihn können wir schon hier und jetzt Erben des Reiches Gottes sein und einer geradezu kosmischen Seins-Bewußtseins-Seligkeit teilhaftig werden, der gegenüber alle irdischen Freuden verblassen.

Durch das Überbewußtsein können wir uns unmittelbar in Christum einsenken und ihm immer ähnlicher werden. Jedesmal, wenn wir Christum auf diesem Wege nahekommen, fließt ein stärkerer Strom heilsamer geistiger Kraft durch uns hindurch und bewirkt, daß wir allmählich zu neuen Menschen werden.

Wir werden dann zunehmend vom Geist geführt, so daß Harmonie, Freude und Fülle an die Stelle der Zerrissenheit, Disharmonie und Not treten, die uns bisher am Glücklichsein hinderten.

Wir entdecken, daß wir gar nicht in einer Welt der Schrekken, sondern in einem Strom ständiger Segnungen leben und daß unser Leben von Jahr zu Jahr lichter und vollkommener wird.

Und wir fühlen zugleich, daß wir diesen Fortschritt beschleunigen, wenn wir Gott für das Leben und für seine schweigende Führung von Herzen *danken*. Um so sichtbarer wird die weiße Magie des Geistes bewirken, daß unser Leben sich so gestaltet, wie wir es im tiefsten Grunde unseres Wesens ersehnen — *im Einklang mit dem Willen des Ewigen —*, und daß wir schließlich zu dem erwachen, was die Vollendeten aller Zeiten als Kosmisches Bewußtsein erlebten.

DER WEG ZUM KOSMISCHEN BEWUSSTSEIN

In meiner Jugend hatte ich die Forderung und Verheißung Christi: „Ihr sollt vollkommen sein, gleichwie euer Vater im Himmel vollkommen ist", unvollkommen verstanden. Ich wähnte, man könne der Wonne des himmlischen oder Kosmischen Bewußtseins erst nach dem Tode teilhaftig werden. Wahres Glück sei erst im Jenseits möglich; diese Erde hingegen sei und bleibe ein Jammertal . . .

. . . Damals wußte ich noch nichts vom machtvollen Einfluß der neugeistigen Einstellung auf die Gestaltung des Lebens. Ich wußte nicht, daß, wenn ich das Leben *verneine,* mir daraus notwendig Leid und Mißgeschick erwachsen müssen.

Ich erkannte nicht, daß eben meine negative Einstellung zum Leben mich allen schädlichen und zerstörenden Einflüssen zugänglich machte und alle positiven Kräfte in mir lahmlegte. Ich erkannte nicht, daß das Grübeln über das jenseitige Leben den Willen lähmt, den Charakter untergräbt und für dieses Dasein untauglich macht.

Ich wußte nicht, daß der *Himmel* ein *Bewußtseinszustand* ist, in dem wir schon *hier* und *jetzt* leben können. Ich hatte noch nicht erfahren, daß nur das *Jetzt* lebendig ist und daß, wenn wir heute richtig leben, damit zugleich am besten für das Morgen gesorgt ist.

Und vor allem wußte ich noch nichts von den beglückenden Erfahrungen der *Mystiker* aller Zeiten und Völker.

Hier nun muß zwischen Mystik und Mystizismus klar unterschieden werden:

Der Mystizismus ist eine Pseudo-Mystik, die zu krankhafter Askese und Abwendung vom praktischen Leben führt. Die wahre Mystik hingegen ist in ihren Wirkungen positiv und führt zu erfolgreicher Meisterung des Lebens und dazu, daß wir den anderen immer besser dienen und nützen und schon auf Erden im Himmel leben.

Sie lehrt, daß wir geistige Wesen sind, die in einem geistigen Universum leben und von Geistgesetzen regiert werden. Himmel und Hölle sind — im Lichte der Mystik — Bewußtseinszustände, die wir schon hier auf Erden durchschreiten können. Ich habe schon in beiden gelebt.

„Selig sind, die reinen Herzens sind; denn sie werden Gott schauen!" Das gilt nicht nur für das künftige Leben, sondern schon für dieses. Es heißt nicht, daß wir Gott als Wesen oder Persönlichkeit schauen werden, sondern daß wir Ihn in allen Dingen und Erfahrungen und auch in unserm Nächsten finden und unseres Einsseins mit dem Einen lebendig bewußt werden.

Dieser Zustand der Seligkeit kann in diesem Leben erreicht werden. Man kann auch im irdischen Körper schon im Himmel leben, am Kosmischen Bewußtsein der Alleinheit teilhaben — eben dadurch, daß man Christi Leben führt.

Zumeist blitzt dies Bewußtsein in uns auf, wenn wir es am wenigsten erwarten. Plötzlich zerreißt der Schleier, und wir befinden uns im Zustand der Seligkeit.

Mit Gewalt ist dieser Bewußtseinszustand nicht erreichbar. Je heftiger man in ihn hineinzugelangen sucht, desto unerreichbarer wird er, während er von selbst eintritt, wenn unser ganzes Denken und Trachten Gott zugewandt ist, wir also sozusagen dem Trug der Vergänglichkeit erstorben sind. Wenn unser Gemüt und unser Denken in Harmonie mit dem Himmel ist und dies auch in unseren Taten und in unseren Beziehungen zu unseren Nächsten sichtbar zum Ausdruck kommt, haben wir das unsere getan, um des Kosmischen Bewußtseins in einem Akt der Wiedergeburt teilhaftig zu werden.

Der Schlüssel zur Erreichung dieses himmlischen Zustandes heißt *Liebe*. Liebe Gott von ganzem Herzen und Gemüte und deinen Nächsten wie dich selbst — und du wirst die Wiedergeburt erreichen und zum Kosmischen Bewußtsein erwachen. Weil Gott die Liebe ist, müssen wir gänzlich zu Liebe werden, wenn wir mit Ihm eins sein wollen.

Ein alter Grundsatz der Hermetiker und Priesterseher lautet: Wie oben, so unten, wie innen, so außen; wie im Großen, so im Kleinen! Das Kleine muß ein genaues Spiegelbild des Großen sein. Das meint Christi Wort: „*Seid vollkommen, gleichwie euer Vater im Himmel vollkommen ist.*"

Der Weg dorthin ist ein zweifacher: erst innerlich, dann äußerlich. Erst müssen wir an unserm Innern arbeiten und aus der Stille des Herzens unsere Liebe wie einen Strom des Segens zu allen Mitmenschen senden, indem wir sagen: „Meine Nächsten, ich liebe euch alle; ich liebe euch!" Dabei wollen wir die, die uns unrecht taten oder denen wir unrecht taten, bei Namen nennen und sie besonders segnen, indem wir ihnen freudig alles Gute wünschen, das wir nur immer für uns selbst ersehnen könnten.

Es ist gewiß nicht leicht, einen frischen Groll auf solche Art loszuwerden, noch weniger einen alten, seit Jahren gehegten. Doch gibt es auch da ein Heilmittel — und das ist, aus der Stille des Herzens im Geiste der All-Liebe volle Vergebung und Segnung denen zuteil werden zu lassen, die uns weh taten. Wenn wir sie so lieben, daß wir für sie genau so beten können wie für uns selbst, haben wir den größten Sieg des inneren Lebens errungen.

Im übrigen gibt es keinen inneren Fortschritt, der nicht mit dem praktischen Leben einhergeht. Denn auf der Ebene des täglichen Lebens muß der Kampf ausgefochten und gewonnen werden.

Wenn wir zum Kosmischen Bewußtsein erwachen wollen, müssen wir auch in unserem Alltagsleben sichtbar zu einem Lichtquell der Liebe werden. Wir müssen uns in der Schule des Lebens bewähren, dessen Erfahrungen unsere Liebeskraft auf die Probe stellen, und zwar täglich aufs neue.

Wenn wir den ehrlichen Willen haben, durch die Kraft der göttlichen Liebe zum Kosmischen Bewußtsein emporzugelangen, dann werden wir Erfahrungen machen, die uns Gelegenheit geben, zu beweisen, *wie* lebendig die Macht der Liebe bereits in uns ist.

Das Leben prüft uns sogleich und immer aufs neue: sowie wir darangehen, lebendige Verkörperungen der Liebe zu werden, dauert es gewöhnlich nicht lange, bis uns jemand übel mitspielt. Wenn wir dies nun nicht sogleich als Prüfung in der Lebensschule erkennen, bejahen und recht bestehen, dann denken wir leicht, daß wir einen Mißerfolg erlitten haben. Tatsächlich aber dient diese Erfahrung der *Erprobung unserer Liebeskraft,* also unserem *inneren Wachstum.* Sie verlangt von uns Geduld, Einsicht und Nachsicht, Duldsamkeit und Bereitschaft zum Vergeben, Großmut und Edelmut, insgesamt das, was wir kurz als Wohlwollen bezeichnen. Hinter ihr aber steht die göttliche Liebe, die bewirkt, daß diese und jede Erfahrung unserer inneren Reifung und Vervollkommnung dient und uns dem Ewigen näherführt.

Sind wir auf diesem Wege der täglichen Prüfungen in der Lebensschule zur Liebe selbst geworden, also geduldig und nachsichtig, gütig und wohlwollend in unserem Denken und Verhalten gegenüber Mensch und Tier, dann sind wir himmelwärtsgerichtet und auf dem Wege zum Kosmischen Bewußtsein. Im gleichen Maße, wie unsere Liebe zu Gott zunimmt, wächst unsere Fähigkeit, der Seligkeit des Kosmischen Bewußtseins teilhaftig zu werden. Aus dem inneren Einssein mit unseren Nächsten erblüht das Einssein mit Gott, die Harmonie mit dem Himmel, dem Inneren Reich.

DAS INNERE REICH

Im Mittelpunkt der Lehren Jesu steht das Wort: *Das Reich Gottes ist inwendig in euch.* Es ist nicht da oder dort, wie ein äußerlich sichtbarer Gegenstand, sondern es ist ein inneres Reich, ein Gemüts- und Bewußtseinszustand.

Ein solcher Zustand kann natürlich auch äußerlich fühlbar sein, aber nur als Ausdruck eines inneren Zustands. Darum Jesu Mahnung: „Trachtet am ersten nach dem Reiche Gottes; dann wird euch alles übrige von selbst zufallen." Das heißt: das innere Reich muß die erste Stelle in unseren Strebungen und Zielsetzungen einnehmen; dann folgt das äußere Glück von selbst, nach dem wir sonst vergeblich suchen.

Das heißt aber nicht, daß wir nach dem inneren Reich trachten sollen, um auf diese Weise der äußeren Güter teilhaftig zu werden; denn bei solcher Geisteshaltung stünde ja wiederum das äußere an erster Stelle, und wir würden weder das eine noch das andere erlangen. Wir müssen das innere Reich um seiner selbst willen erstreben. Davon hängt unser Glücklichsein hier und im künftigen Leben ab.

Wer zuerst nach dem inneren Reich trachtet, wird von selbst auch äußerlich hundertfältig gesegnet. Das ist, kurz gesagt, Sinn und Kern aller Religion und aller Lebenskunst.

Wenn unser äußeres Lebensreich in Ordnung und Harmonie gebracht werden soll, kann das mit Erfolg nur von seinem Zentrum aus geschehen: vom inneren Reich. Unser äußeres Leben braucht nicht geändert zu werden, sondern *wir selbst* müssen uns innerlich erneuern. Wenn unser Denken und Handeln mit dem inneren Reich, dem Reich Gottes in uns, im Einklang ist, lösen sich die Wirrnisse unseres äußeren Lebens von selbst. Wir nennen diesen äußeren Abglanz des Einsseins mit dem Inneren Reich den ‚Himmel auf Erden', den jeder erleben kann, da das Sichtbare immer aus dem Unsichtbaren hervorgeht.

Es ist also durchaus möglich, im Himmel zu leben, in einem Zustand göttlicher Ordnung, Harmonie und Fülle, während wir auf der Erde unsere Pflicht tun. Nötig ist dazu nur, daß wir uns einwärtswenden und unseren Willen in freiwilliger Selbst-Hingabe in Einklang bringen mit dem Willen Gottes in uns.

Nötig ist, daß unsere Gedanken, Worte und Taten nur von

der Liebe und dem Wunsch bestimmt sind, unseren Nächsten zu helfen, und von der Gewißheit, *daß wir mit dem inneren Reich eins sind und damit unter dem Schutz des Ewigen stehen.*

Wenn wir so beten und handeln, wie es Christus in seiner Bergpredigt lehrte, öffnen wir uns dem Strom des göttlichen Lebens, und dieser geistige Strom verwandelt uns nach dem Bilde Gottes; wir werden mehr und mehr zu Kindern des Reiches Gottes, zu Erben des Himmels, werden himmlisch gesinnt und denken, sprechen und handeln dann als bewußte Bewohner des Himmels, den wir damit auch auf Erden, in unserer Umwelt, verwirklichen.

Wir leben dann schon mitten im zeitlichen Dasein im Ewigen Leben.

Das meint *Swedenborgs* tiefes Wort: „Jeder sollte schon im Erdenleben bewußt den Himmel in sich tragen, dann wird er sich auch nach seinem Tode im Himmel finden." Denn dadurch, daß wir den Himmel hier in uns tragen, schaffen wir auch für das künftige Sein die Möglichkeit, im Himmel zu leben. In der geistigen Welt entspricht unsere Umgebung unserer innersten Haltung und Gesinnung. Sind wir himmlisch gesinnt, werden wir in einer himmlischen Umgebung leben; lieben wir Gott von ganzem Herzen und trachten wir in allem zuerst nach dem Reiche Gottes, dann werden wir im künftigen Sein im glückseligen Zustand des Einsseins mit Gott leben. —

Unser Erdenleben ist eine Schule, in der wir lernen, alle in uns angelegten Kräfte und Möglichkeiten zu entfalten. Hier wird uns täglich aufs neue Gelegenheit gegeben, das Gute zu wählen, das innere Reich voranzustellen und auf diese Weise schon hier und jetzt im Himmel zu leben und der Hilfe von innen teilhaftig zu werden. Das Leben ist so wunderbar geordnet, daß wir immer genau die Erfahrungen machen, die wir brauchen, um Kinder Gottes und Erben des inneren Reiches zu werden.

Das heißt: Jede Erfahrung, die wir in rechter Weise aufnehmen und beantworten, bringt uns Gott und dem Himmel näher. Wenn wir ihr ausweichen oder uns gegen sie sträuben, wird die gleiche Erfahrung stets erneut wiederkehren und immer unerfreulicher werden — bis wir schließlich doch gezwungen sind, uns mit ihr abzufinden.

Glücklich der, der sie *von vornherein* als Wink und Willen Gottes willig entgegennimmt und aus ihr zu lernen sucht, Gott näher zu kommen! Er gelangt bald zu der Einsicht, daß *alles*, was kommt, seinem Besten dient und dem Willen der inneren Führung entspricht.

Durch willige Aufnahme der Erfahrungen des Lebens und durch bewußte Mitarbeit sowie durch Meditation und Kontemplation und freudige Hingabe an den Willen Gottes in uns bewirken wir, daß alle Erfahrungen des Lebens uns höherführen und uns dem inneren Reich Gottes näherbringen.

Wer so denkt und handelt, wird durch jede Erfahrung verinnerlicht, geläutert, erneuert, gesegnet und vervollkommnet und ein immer bewußterer Teilhaber des Reiches Gottes.

Das innere Reich erschließt sich uns in dem Maße, wie wir die Erfahrungen des Lebens willig als Weisungen von innen aufnehmen und sie im Bewußtsein des inneren Beistands meistern.

Das innere Reich erschließt sich uns in dem Maße, wie wir der ‚stillen kleinen Stimme in uns‘ folgen — dem Gebot der L i e b e, des Mitleids und Erbarmens mit allem, was lebt.

Das innere Reich erschließt sich uns in dem Maße, wie wir unsere Eigenliebe und Eigensucht überwinden und in freudiger Hingabe dem Ganzen dienen in dem Wunsche, für das Glück aller da zu sein.

Das innere Reich erschließt sich uns in dem Maße, wie wir Böses mit Gutem erwidern, uns dem Willen Gottes überlassen und mit ihm zusammenwirken und dadurch dem göttlichen Geist Gelegenheit geben, sich in uns und durch uns zu betätigen.

Das innere Reich erschließt sich uns in dem Maße, wie wir unsere Pflicht tun, wie niedrig diese auch sein mag, wenn wir an allen Menschen und allen Lebenserfahrungen nur das Gute sehen und bejahen und unsere Gedanken der Liebe und des Segens wie eine Sonne Gottes auf alle Wesen um uns ausstrahlen lassen.

Der Weg zum inneren Reich, der Weg zum Himmel ist einfach; wir können ihn alle gehen — wenn wir nur wollen.